Saber / cocer / mascar

Saber/cocer/mascar

José Alberto Cabán

EDICIONES
NÓEMA

Saber / cocer / mascar

Ediciones Nóema
San Juan, Puerto Rico
noema@pmrbpr.org

ISBN-10: 1-508-87463-8 / ISBN-13: 978-1-508-87463-8

Editor: Pedro M. Rosario Barbosa
Portada: Camilo Carrión Zayas

Formato del libro hecho con LaTeX 2ε.

Impreso en Estados Unidos.

A Yaramary y a Zoe

Agradecimientos

Definitivamente este trabajo no hubiera sido posible sin el incansable apoyo de mi amada Yaramary, quien tanta fe ha tenido en este libro y su futuro. De igual forma, quiero agradecer a mi editor por su paciencia y sinceridad. Agradezco a Camilo Carrión por la creación de la portada y a tod@s aquell@s que colaboraron de alguna forma u otra, ofreciendo información, sugiriendo algún cambio o simplemente escuchando los argumentos centrales de los dos ensayos que incluyo aquí y pensando en voz alta conmigo. No pueden dejar de ser mencionados tod@s aquell@s que a lo largo de los años inspiraron en mí la inquietud de la búsqueda y la investigación. Mi más profundo agradecimiento se queda corto para cubrir la deuda que tengo con tod@s ustedes.

Índice general

Introducción

Este libro comenzó a ser pensado como uno en el cual el telón de fondo sería la resistencia, entendida de manera amplia. Por un lado, las lógicas de tal resistencia, quizá mejor visualizada como plural, diversa e insospechada, se entendía que operarían en relación con diversos aparatos o vehículos de dominación. Su propia diversidad se entendió, desde el principio, como una gama variada de reacciones ante intenciones de control, fijación de límites y transformaciones por parte de entidades un tanto localizables o reconocibles como anónimas por igual. Pero, siendo así, la resistencia, como categoría heurística, corría el riesgo en este trabajo de no ser suficientemente precisada en su identidad misma. Es decir, su misma amplitud y laxitud podría convertirla en "algo" omnipresente o inexistente, según sean las miradas de quienes se aventuren a leer este modesto trabajo. De tal forma que, y siguiendo las recomendaciones de Hollander y Einwohner (2004), un poco de precisión no estará de más.

Generalmente, el concepto resistencia ha sido definido tanto de maneras bastante amplias como también de formas muy específicas. Entre éstas últimas se encuentra aquélla que plantea que todo acto de resistencia debe reconocerse como tal a partir de la presencia de una o varias intenciones conscientes de resistir (542). Es decir que, técnicamente para algunos no habría tal cosa como resistencia inconsciente o resistencia colateral, como un resultado que, si bien no fue intencionado, se produce a partir de ciertas acciones iniciales. Además del elemento intención, Hollander y Einwohner han planteado que otros aspectos centrales en la definición de resistencia generalmente son: (a) el sentido de acción (538); (b) el sentido de oposición (538); (c) el sentido de reconocimiento del acto de resistencia por otros (539); (d) el sentido de la visibilidad (540); (e) la tenencia de objetivos claros y definidos (540) y el sentido de intención o intencionalidad que ya fue mencionado arriba. Sin embargo, si bien estos elementos aclaran muchísimo el panorama de la categoría, no es menos cierto que ellos parten de la premisa de que la resistencia, en principio, se convierte en tal a partir de sus condiciones propias de origen.

Se parte de la premisa de que la resistencia es algo en sí que espera por ser reconocida como tal. En este caso la resistencia ocurre independientemente de las percepciones que tengan quienes la analizan.

Aunque lo anterior bien puede considerarse como un acercamiento válido, en los ensayos que se presentan aquí, la resistencia no es algo que necesariamente se entienda como aquello en sí sino que, sin invalidar la posibilidad y la importancia de tal acercamiento, se ha optado aquí por entender mejor aquello resistente a partir no sólo de su propia condición sino de la lectura que como observador se hace de ciertas manifestaciones. Se trata, en buena medida, de *lecturas de resistencia*. No se trata de construir resistencias en donde no las hay sino, y más bien, se intenta no tomar cualquiera acto como uno de resistencia a la rápida y no despachar dinámicas como no resistentes si no presentan toda una serie de características fijas. En ambos ensayos, y esto es lo que se quiere expresar de manera puntual, pueden *leerse* resistencias aunque los actores sociales y culturales a los que se refiere no necesariamente están absolutamente conscientes de estar resistiendo en todo momento. Es por esto que en este trabajo la categoría resistencia no sería suficiente para enmarcar todo un conjunto de relaciones concretas.

Con el propósito de complementar la insuficiencia que la categoría resistencia genera, habrá que considerar ponerla en *entrejuego* con la acción/categoría *transgresión*.

Transgredir, en este caso específico, no se entiende simplemente como superar. Es decir, la superación, ir más allá de lo establecido y reforzado a nivel social, no es lo que precisamente distingue un acto de transgresión. Por el contrario, la transgresión no se consuma al rebasar ciertos límites sino, y más bien, al provocar su aparición, al ponerlos al descubierto (Foucault 1977, 80). Esos límites, a través de los ensayos que conforman este trabajo, ciertamente se vislumbran como imbricadamente relacionados con el poder, los discursos del saber y, a fin de cuentas, los múltiples aparatos disciplinarios que funcionan a partir de la lógica de *normalizar* la sociedad o sus conjuntos de relaciones (Foucault 1980, 61). En ese sentido, la transgresión no podría solamente definirse por el principio de voluntad (Gramsci 2000, 209), sino por las consecuencias que produce. Pero, ¿cómo específicamente este *entrejuego* de resistencia/transgresión opera en los trabajos que se presentan aquí?

Los ejes centrales de los ensayos son, por un lado, lo comestible y, por otro, lo masticable. El primero, *Sabores/saberes*, es un trabajo etnográfico o, más bien, auto etnográfico, a través del cual se analizan múltiples aspectos en el conjunto de relaciones que tienen lugar cada vez que ocurre una iniciación en la Regla de Osha-Ifá (llamada también como Santería) enfatizando en los procesos de la elaboración de las comidas rituales. La elaboración de éstas y su posterior ingestión revelan toda una gama de intenciones bajo las cuales bien podrían leerse resistencias y transgresiones. Por un lado, a través del binomio *elaboración/ingestión* se resiste ante cualquier tipo de males, materiales y espirituales, que aquejan al ser humano en sociedad, y, por otro lado, ese mismo binomio ofrece la posibilidad de leer, cómo, a través de estos actos, los iniciados(as) en la Regla de Osha-Ifá establecen las condiciones, consciente o inconscientemente, que harán aparecer los bordes, límites y contornos de todo aquello que los reprime. Es decir, a través de estos actos, no sólo son visibles rituales sino posibilidades que eventualmente abrirán paso al análisis de las estructuras que, en aras de *normalizar*, repudian y estigmatizan en una sociedad, como la puertorriqueña contemporánea, profundamente reacia a formas religiosas apartadas del Cristianismo y a prácticas rituales que estén vinculadas al sacrificio de animales, por mencionar un ejemplo.

Por otro lado, en el segundo ensayo, *¿Incivilizado masticar?*, bien podría afirmarse algo similar en relación con la masticación del chicle en entornos escolares católicos, aunque también en otros contextos no religiosos. Masticar chicle mientras transcurre el proceso de instrucción en entornos severamente regidos por la ética judeo-cristiana permite que pueda leerse como resistencia, es decir, alguien masca para deliberadamente o no desafiar aquello que está prohibido. De igual forma, la masticación en estos contextos permite que aparezcan toda una serie de tecnologías disciplinarias aprestadas a *poner en horma* la corporeidad del estudiante. Transgredir, en el sentido específico, implicaría todo aquello que permite la aparición, casi como un espectro, de esas pequeñas, pero muchas veces feroces, instancias de dominación que tienen a lo disciplinario como eje.

En Bayamón a 11 días del mes de diciembre de 2012.

Saberes/sabores

I

Nominalmente la palabra *babalawo* es una de carácter aglutinante como muchas otras del vasto léxico de la lengua yoruba. En este caso específico, dicha palabra se compone, a su vez, de tres: *baba*, o *ní* y *awo*. Dos de estas palabras también presentan otra de las características principales del léxico yoruba: la polisemia. *Baba*, puede significar "padre" u "hombre", por lo menos. O *ní*, refiere a la forma posesiva, es decir, "él posee" o "el que posee", y *awo*, "sabiduría" (saber acumulado a través de la experiencia), "conocimiento", "ciencia" (conocimiento de ciertas metodologías específicas) y saber (conocimiento que se va adquiriendo a través de la experiencia, tanto propia como de los demás). Entonces, *babalawo*, estrictamente refiere a aquel hombre que posee la sabiduría/ciencia/saber. Lo anterior, es decir, el conocimiento general que todo ello implica, se encuentra codificado en el cuerpo gnoseológico-ritual que entre los yoruba y sus descendientes rituales en el Caribe lleva como nombre *Ifá*. Ese conjunto de saberes, posee como unidad básica taxonómica la figura del signo o *odu Ifá*. Se reconocen 256 *odu Ifá*. Cada uno de ellos ha sido estructurado, originalmente de manera ágrafa, como conjunto de mitos (llamados en yoruba *itán* o *patakí*) referentes a la "vida" de las deidades (*orisha*).

A través de cada uno de estos mitos se presentan una gama variada de conocimientos rituales y cosmológicos. Sin embargo, aunque entre los *babalawo* exista la creencia de que *Ifá* es un cuerpo completo en el cual se encuentra todo el saber, en la práctica cotidiana cada *babalawo* va adquiriendo conocimientos que si bien son altamente respetados, no necesariamente se encuentran de manera explícita en alguno de los mitos de los *odu Ifá*. Estos saberes a los que se ha hecho alusión generalmente son aprendidos de manera oral, en el contexto del ritual cuando un *babalawo*, a través de su propia ejecutoria le va enseñando a otro, y de manera escrita a través de documentos que se conocen en el Caribe como *tratados*. A través de las múltiples vías, el *babalawo*, en una carrera que resulta ser interminable, aspira a ser, cada vez más, conocedor de las fuerzas que rigen el cosmos entero. De ahí que todos los rituales que dicho iniciado realice llevan como propósito principal manipular fuerzas invisibles para lograr fines específicos. De entre los iniciados e iniciadas en la religión de los *orisha*, conocida en el Caribe como Santería o Regla de Osha-Ifá, sólo al *babalawo* se le reconoce la potestad de mover cualquier fuerza cósmica. Los iniciados en el culto a cualquier otro *orisha* que no sea *Orunmila* (dueño y controlador del sistema de *Ifá*), a los cuales se les conoce ritualmente como *babalosha* (hombres) e *iyalosha* (mujeres), sólo se les atribuye poderes que estén relacionados con deidades cuyos poderes son un tanto más específicos. Sólo el *babalawo*, iniciado en el culto a *Orunmila*, se le acreditan formas mucho más complejas y amplias de acceder, invocar y direccionar fuerzas de todo tipo.

Como en todo tipo de manifestaciones religiosas, resultaría fútil intentar determinar "históricamente" quién fue entre los seres humanos aquél que se convirtió en el primer *babalawo* y cómo inició a la primera "camada" de ese tipo de iniciados. Sin embargo, míticamente se establece, y es creído, que los primeros iniciados fueron dos personajes llamados *Ashedá* y *Akodá*, y que a ellos quien los introdujo al conocimiento de *Ifá* fue el propio *Orunmila*. De igual forma, se ejerce como creencia incuestionable entre los *babalawo* que a *Orunmila* fue *Olodumare*, Dios supremo, el que le otorgó el cargo de conocedor absoluto del cosmos. De ahí que, generalmente, el conocimiento del *babalawo* se considera como un de carácter no solo sagrado sino proveniente de Dios mismo, a través de *Orunmila*, en principio, y luego a través de la larga cadena de *babalawo* existentes antes de alguno que desde un presente determinado ejerza sus funciones rituales como tal. Se genera pues, cierta atmósfera de autoridad en relación con los conocimientos adscritos a la figura del *babalawo*. En las prácticas, se pretende que se respete y obedezca esa palabra más que la de cualquiera otra figura iniciática. Como resultado, se evidencian, frecuentemente, pugnas de poder gnoseológico y ritual, entre la figura del *babalawo* y la de otros iniciados o iniciadas.

En principio, *babalosha*, *iyalosha* y *babalwo* se entiende que deben "funcionar" o trabajar de maneras complementarias ya que es sabido que, aunque en principio el babalawo podría hacer todo cuanto fuese necesario para mover cualquier fuerza cósmica, hay rituales que históricamente han sido practicados por uno(a)s y otro de manera exclusiva y respectivamente. Pero, existen instancias en las cuales los linderos entre esos actos y sus exclusividades resultan ser bastante porosos. Indudablemente el sacrificio de animales es uno de los más notorios y controvertibles.

Aunque lo anteriormente expuesto resulta ser un truismo, no deja de ser otro el hecho de que en el Caribe, para que un hombre convertirse en *babalawo* tiene que haber pasado primero por la iniciación en el culto a otro *orisha* que no sea *Orunmila*. En los diversos contextos en los cuales se desarrollan las prácticas religiosas de las que se viene tratando, las relaciones entre *santeros* (*babalosha* e *iyalosha*) y *babalawo* se perciben de manera vertical. El o la *santero(a)* se percibe como un iniciado de "menor rango" y el *babalawo* como una suerte de "sumo sacerdote". Antes de aclarar el campo ritual y sus respectivas características, lo anterior, en muchas ocasiones, se convierte en el telón de fondo para luchas de poder en relación con las funciones que cada uno(a) de lo(a)s anteriores reclaman como ritualmente propias y/o posibles. Si bien lo anterior se puede percibir en forma generalizada, existen excepciones a la verticalidad tajante. En ciertas ocasiones, los mutuos reconocimientos generan tipos de relaciones horizontales que promueven la relativa y práctica convivencia ritual y, a su vez, evita trifulcas que ocasionalmente ocurren como resultado de la exacerbación de los orgullos entre distintos iniciado(a)s. Generalmente, también debe establecerse, el elemento que se encuentra en el centro de los orgullos amplificados de maneras diversas es el conocimiento ritual y mítico que se le acredite a algún(a) iniciado(a). Sin embargo, antes de entender lo anterior como algo característico de dichas prácticas religiosas, como emanado de ellas, es necesario hacer el esfuerzo de entender los contextos en los cuales esos conocimientos se ejercen. Es imperioso reconocer que entre estos iniciado(a)s, quien más sepa, mayor campo de acción y efectividad se cree que posee. Curiosamente, la cuantificación de los saberes resulta ser algo característico en estos entornos. Dichas "cuantías" y sus percepciones, son productos de la diversidad de los "accesos" a los cuales las distintas iniciaciones habilitan. Las relaciones entre *santero(a)s* y *babalawo* simulan a las de "razas rituales" que, aunque no necesariamente pueden entenderse de maneras homogéneas y monolíticas, ya que técnicamente una y otra ritualmente son complementarias, abogan o se enfrentan, cada una desde su trinchera, construyendo incesantemente sus propias y distintivísimas características. En algunas ocasiones lo anterior lleva, al menos, a dos desenlaces. Por un lado, mucho(a)s *santero(a)s* deliberadamente se distancian ritualmente de los babalawo prescindiendo de sus conocimientos y funciones, y se genera cierto tipo de apatía hacia la figura de estos (*babalawo*). Es en estos contextos donde ocurre que *santero(a)s* sustituyen la figura de los *babalawo* con la figura de un personaje ritual que se conoce con el nombre de *oriaté* u *obatero*. Éste último, históricamente, se entiende que "sustituyó" la figura del *babalawo* en momentos en que no existían muchos *babalawo* en Cuba y ante la imperiosa necesidad de llevar a cabo rituales de diversa índole ocurría tal superposición de uno en lugar del otro. Nuevamente, en una de las actividades en las que se ha visto con mayor claridad tal "sustitución" está relacionada con el sacrificio de animales. Por otro lado, y ante lo anterior específicamente, muchos *babalawo* asumen posturas recalcitrantes y pretenden que lo(a)s *santero(a)s* que sean reconocido(a)s como *bonafide* sean aquello(a)s que acepten la autoridad, en ocasiones autoritarismo, de su figura ritual. Aunque lo antes expuesto genera ciertamente un ambiente de tirantez, en veces ocasional y en veces recurrente, ello no impide que ambos tipos de iniciado(a)s tengan que encontrarse en contextos rituales, por ejemplo, en la iniciación de un(a) *babalosha* o *iyalosha*, ceremonia que transcurre en 7 días y que se conoce con el nombre de *kariosha*. Generalmente, en estos acontecimientos, ambos tipos de iniciado(a)s se encuentran ya que la persona a iniciar posee una relación espiritual imbricada tanto con un *babalosha* que la va a iniciar, por lo cual se convierte en su *padrino de santo* o *babá tobí*, o con una *iyalosha*, por lo cual se convierte en su madrina de santo o *iyá tobí*. De igual forma, en muchas ocasiones un *babalawo* se ha convertido en padrino o *babá ni Ifá* de la persona que va a pasar su *kariosha* y, como tal, se entiende que debe reconocérsele al *babalawo* el derecho de sacrificar los animales que se van a ofrecer a los diversos *orisha* durante dicha ceremonia, entre otras funciones rituales que se entiende que no deben eludirse.

Como figura ritual, el *babalawo* posee múltiples funciones en distintos contextos. Sin embargo, dos de ellas son consideradas como medulares por ellos mismos: adivinación y determinación/realización del *ebó*. Aunque la palabra podría llevar a pensar lo contrario, adivinación no es un proceso que se entiende como azaroso o fortuito. A través de él, seres humanos se comunican con los *orisha* y *egun* (ancestros) para recibir informaciones acerca de sus condiciones espirituales, sociales y naturales, entre otras. En ese sentido, la adivinación constituye una forma de conocer que es tenida en alta estima. Ciertamente existen distintos tipos de oráculos que en la Regla de Osha-Ifá son utilizados. Entre ellos, los que conciernen al babalawo de manera exclusiva son el *opelé* o *ékuele* y *ikín Ifá*. El primero consiste en un cadena que es lanzada por el *babalawo* en múltiples ocasiones durante una sesión de consulta con el propósito de determinar el signo adivinatorio, *odu Ifá*, que a la persona consultada le atañe. El segundo se consiste de un puñado de nueces de palma que el *babalawo* va manipulando sistemáticamente entre sus manos hasta que éstas ofrezcan el *odu Ifá*. Generalmente se tiene como un truismo el hecho de que todo *babalawo*, para ser capaz de llevar a cabo la adivinación de manera competente, tendrá que aprender a hacerlo a través de su *padrino* u *oluwo siwayú* y tendrá igualmente que memorizar las informaciones que en cada uno de los 256 *odu Ifá* ha sido codificada. Mientras mayor destreza manifieste el babalawo, mayores serán las posibilidades de determinar o *marcar* el *ebó* indicado.

La categoría *ebó* posee múltiples sentidos. Algunos la han entendido como acto ritual de limpieza o purificación. De hecho, quizá ése es el sentido más popular entre *iyalosha*, *babalosha* y *babalawo*. Sin embargo, de manera un tanto más oculta yace el sentido central de todo *ebó*: activar el *ashé*. *Ashé* también resulta ser un concepto polisémico. Mínimamente significa la fuerza que permite que algo ocurra o se transforme. Dicha fuerza emana directamente de *Olodumare*, pero está repartida en todo el cosmos. *Ashé*, por otra parte, remite al ritmo de vida universal e individual. Activarla está directamente vinculada a la adivinación ya que será *Orunmila*, *orisha* que "habla" a través del oráculo de *Ifá*, el que dicte todo aquello que se tiene que realizar para que alguien restituya el ritmo que por cualquier razón haya sido trastocado. *Ebó*, entonces, se trata de alinear o componer el ritmo de vida, de sintonizar la energía universal cósmica con las condiciones particulares de algún ser humano. Dicho ritmo se entiende que tiene que ser rectificado y/o recompuesto ya que de ello depende de que la persona sea capaz de realizar aquello que es indispensable en su vida: concretar su plan de destino, su *Orí*. Si bien el *babalawo* tiene las funciones antes descritas, no es menos cierto que tanto *iyalosha* y *babalosha* poseen de manera exclusiva un oráculo que consiste de la manipulación sistemática de 16 caracoles *cauri*, conocido como *dilogún*. Ambos tipos de iniciados poseen formas propias de marcar *ebó*. Se entiende que cada uno de ellos debe conocer sus límites. No se supone que *iyalosha* o *babalosha* realicen *ebó* que son exclusivos de *babalawo*. Sin embargo, a la figura de este último se le atribuyen capacidades y posibilidades de *ebó* que entran en la esfera de influencia de *iyalosha* y *babalosha*. Como es de suponerse, estos cruces también generan múltiples conflictos en la medida en que inhabilitan la acción ritual de algún(a) iniciado(a) a favor de otro(a) y/o mina los prestigios asociados a las condiciones y posiciones rituales tradicionalmente entendidas como intocables.

Existen diferentes tipos de ebó. Al menos dos de las acepciones más comunes transitan, al menos, entre la ofrenda y sacrificio. En principio, *ebó* consiste en toda acción ritual que tendrá como sentido central limpieza espiritual y física, y la movilización del *ashé*. Dichas limpiezas y movilizaciones se cree que se llevarán a cabo a través de *aladimú* (aquello que la persona ofrece desde su propio interés a un *orisha* o *egun*), *adimú* (aquello que la persona ofrece y que ha sido prescrito por algún oráculo) y sacrificio propiamente, el cual en ocasiones se ofrece de *okokán* (de propia voluntad de la persona, de corazón) y en otras ha sido prescrito por la adivinación. En el caso específico del sacrificio, el cual en múltiples instancias se entiende como acto exclusivo del *babalawo*, antes de ser sacrificado el animal éste se purifica ritualmente y luego de esto se limpia a la persona interesada. Cuando se trata de un ave se realiza *sarayeye*, se rozan las alas por todo el cuerpo de la persona para despojarla de todo aquello que la perjudique. En relación con los animales de cuatro patas, aunque no se lleva a cabo *sarayeye*, a la persona se le presenta la cabeza del animal en la cabeza (de la persona), los hombros, las rodillas y cuando se trata de un animal macho finalmente su cabeza debe ser rozada por los genitales del hombre. Si se trata de un animal hembra, su cabeza es rozada por los pechos de la mujer que lo ofrece. Aunque no se mencionó antes, toda ave sacrificada debe ser presentada en la cabeza, hombros, abdomen, rodillas, pies y manos de la persona. Dicha *presentación* tiene el sentido de transferir, desde el o la que ofrece, todo aquello que desea quitarse de encima al animal sacrificial. La transferencia se entiende que se concretará a partir del momento en que la sangre del animal caiga encima de la representación material de *orisha* o de *egun*. La sangre, entonces, tendrá el sentido, no solo de otorgadora de vida, sino también de restauradora del ritmo de vida de la persona, la cual está llevando a cabo dicha acción ritual ya que se entiende que se sabe con su propio ritmo de vida trastocado.

Generalmente se entiende que ambos tipos de iniciados en la Regla de Osha/Ifá pueden llevar a cabo sacrificios. Sin embargo, en las dinámicas cotidianas traslucen desafíos y encontronazos entre ellos. Se puede encontrar a un(a) *olosha* (santero(a)) que se inscriba en la lógica anti *babalawo*, es decir, que no suele recurrir a los servicios del *babalawo* y funciona de manera independiente. No obstante, la figura del *babalawo* generalmente recalca y enfatiza en su rol primario y exclusivo de llevar a cabo cualquier tipo de sacrificio. Estas pretensiones de exclusivismo no son siempre compartidas, como se ha mencionado antes. Por un lado, alguno(a)s santero(a)s afirman que las pretensiones de la figura del *babalawo* no tiene justificación alguna y que, como tal, ello(a)s, como hijos legítimos de algún *orisha*, tienen la autoridad para sacrificar. Por otro, el babalawo competente, aquél que se ha encargado de analizar y conocer sus roles (los cuales son pocos), argumenta regularmente que sólo él posee aquello necesario para que cualquier sacrificio sea aceptado debidamente por la entidad sobrenatural a la que se ofrece. Es decir, parece que el acto sacrificial no sólo se lleva a cabo por aquél que sepa bien los procedimientos. Aquello que resulta ser el aspecto *sine qua non* del acto sacrificial es la propia palabra que se emite desde la boca del *babalawo*. En virtud de ceremonias secretas por las cuales todo *babalawo* que sea reconocido como matador ha tenido que pasar, su boca ha sido imbuida de un poder que resulta ser exclusivo. Generalmente este poder se conoce con la frase oluwo bobotirigbo, es decir, la palabra del *oluwo* (*babalawo*) será la que agrade y provoque que todo sacrificio que se haga sea bien aceptado. Pero, no sólo se trata de aceptación. En el fondo también está en juego la remoción de los lastres de la persona que ofrece el sacrificio. Desde la perspectiva del *babalawo*, sólo la presencia del *oluwo bobotirigbo* provocará la remoción del *osogbo*, la desfavorabilidad. Sólo las invocaciones, llamadas y cantos que durante el sacrificio se hagan por el babalawo provocarán el rechazo del *ajewo*, todo aquello que se entiende como perjudicial en la vida de alguna persona. Las manos y la boca del *babalawo* se entienden, entonces, que no están ritualizadas de la misma forma que las de lo(a)s *olosha*. Dicha diferenciación, conocida y argumentada por pocos, es la que precisamente sustenta la actitud de algunos *babalawo* que afirman que sólo ellos son los autorizados a realizar cualquier tipo de sacrificios. *Oluwo bobotirigbo* es capaz de mover aquellas fuerzas que girarán a favor de la persona afectada. De hecho, *oluwo bobotirigbo* se cree que es capaz de invocar cualquier fuerza en múltiples contextos. De ahí que se entiende que ante cualquier situación el *babalawo*, emitiendo algún rezo o canto, puede provocar el acaecimiento o, por el contrario, evitar que ocurra algún acontecimiento que se entienda como nefasto o desfavorable. Ese poder, al parecer exclusivo del *babalawo*, es el que lo faculta en cualquier contexto para realizar labores que, por su especificidad, parece que nadie más pudiese llevar a cabo.

Como resultado de lo anterior, y a partir de haber recibido el cuchillo, ceremonia de que se tratará más adelante, el *babalawo* se convierte propiamente en un *oshogún*, aquél que ejerce las funciones de *Ogún*. *Ogún* es el *orisha* a quien se le atribuye ser dueño de todos los instrumentos hecho en metal. La tecnología: su carácter innovador y de desenvolvimiento son atributos de esa deidad. De igual forma, a este *orisha* se le atribuye ser dueño indiscutible de la fuerza. Es decir, toda fuerza necesaria para llevar a cabo un acto, cualquiera que este sea, se cree que le pertenece a *Ogún*. Es por esto que su combinación de atributos es idónea para los actos sacrificiales. *Ogún* es el origen y la dirección de la fuerza necesaria para sacrificar algún animal. De ahí que, su presencia a través de invocaciones y de su instrumento simbólico en el acto sacrificial, el cuchillo (aunque en algunas ocasiones puede ser un machete), es indispensable. Pero, todo esto es un poco más complejo cuando se aprecia que no simplemente *Ogún* está siendo simbolizado. El *babalawo*, durante el acto ritual sacrificial, hace las veces de *Ogún* porque al sacrificar está haciendo algo que se entiende solamente le corresponde a ese *orisha*. De maneras sublimes ocurre técnicamente una suplantación temporera de funciones. El *babalawo* suplanta a ese *orisha* pues de lo contrario el acto sacrificial no podría llevarse a cabo. No se supone que ser humano alguno sacrifique nada de lo creado por *Olodumare*. Esa creencia obliga, pues, a la estratégica y de hecho, falaz, conversión del *babalawo* en *Ogún*. Sin embargo, para que ello ocurra, este iniciado tiene que haber pasado por unas ceremonias a las cuales en su conjunto se les conoce como coger cuchillo.

El *Obe ka kuanaldo* o cuchillo ritual del *babalawo* no sólo se entiende como un objeto ritual más, sino que, y también, como un conjunto de ceremonias rituales por las cuales el babalawo tiene que pasar para que, a través de ellas, se le embista con cierta autoridad: la de sacrificar.[1] Si alguna persona no ha *cogido cuchillo*, se entiende que no tiene la potestad para llevar a cabo sacrificio ninguno. Sin embargo, en la práctica es común ver cómo *olosha* y *babalawo* que no tienen cuchillo recibido llevan a cabo sacrificios, sobre todo de animales de plumas. Según se ha observado, los animales cuyo sacrificio está estrictamente sancionado por sentidos comunes de penalidad son aquellos que tienen como eje a animales de cuatro patas. Existen muchos *olosha* que llevan a cabo estos sacrificios a pesar de que cierta cantidad de *babalawo* critican severamente esta práctica. Los *olosha* legitiman este tipo de acto ritual a partir de la posesión de su propia representación de *Ogún*, en este caso, su *cuchillo de santero* o *Pinardo*. Como es de suponer, muchos *babalawo* afirman que el *Pinardo* no es otra cosa que un invento con el cual muchos *olosha* timan y sacan dinero de otras personas. Estos *olosha*, por su parte, afirman que no reconocen que los *babalawo* tengan la única autoridad de sacrificar. Aunque este dilema no tenga necesariamente un desenlace y, como tal, siga generando tensiones entre iniciados de la Regla de Osha-Ifá, los actos sacrificiales siguen su cur-

---

[1] Además de poseer este sentido, cabe señalar que en la ceremonia del recibimiento del cuchillo se conmemora la transición de la humanidad de ser recolectora de alimentos a convertirse en carnívora. El cuchillo es entendido como metáfora de apoderamiento sobre el proceso de producción e ingestión de alimentos y, como tal, se convierte en un elemento medular en la supervivencia humana. Los *babalawo*, como entendidos en los secretos que rigen la Existencia misma, tienen o reclaman con especial ahínco la exclusividad sobre el cuchillo, su utilización en sacrificios y los rituales necesarios para autorizar su utilización.

so sin mayores complicaciones. No obstante, entre los mitos o *pataki* que componen los *odu de Ifá*, se encuentra uno, en el signo adivinatorio Osa Melli, que arroja algunas claves para esclarecer por qué los *babalawo* reclaman la autoridad sacrificial ante el resto de los iniciados en la Regla de Osha-Ifá. Se narra que los *orisha Ogún* y *Obatalá* eran los líderes en la sociedad secreta que controlaba el acceso y uso del cuchillo ritual-sacrificial. Esa sociedad se conocía como *Egbé Balogún*. En las iniciaciones de este sociedad, las cuales eran reconocidas entre sus miembros como unas de carácter fuerte, se ponía a prueba el valor y la resistencia de los neófitos que pretendían, si lograban pasar la iniciación con decoro, ser llamados *omo agada*, es decir, *hijos del cuchillo fuerte*. En una ocasión, uno de los iniciados tuvo un percance muy grande, el cual lo llevó a tenerse que refugiar en casa del *orisha Orunmila*. Allí, *Orunmila* adivinó para él y le hizo *ebó* para volverlo invisible y que sus enemigos no lo aprehendieran. Pasado el tiempo, y habiendo resuelto su problemática situación, Talabí decidió marcharse de casa de *Orunmila* y éste le pidió que, a modo de recuerdo, le dejara su cuchillo. Talabí le contestó que no podía hacer eso porque ésa era su insignia en *Egbé Balogún*, pero le ofreció a cambio de sus favores, llevarlo con los iniciados de más alta jerarquía para que lo iniciaran a él (*Orunmila*) en dicha sociedad. *Orunmila* consulto el oráculo de *Ifá*, el cual le dijo que recibiera dicha iniciación para que venciera muchas de las dificultades que estaba pasando. *Orunmila* así lo hizo y demostró tener capacidad, valor y fuerza para portar y usar el cuchillo. Desde ese episodio, entonces, *Orunmila* juró en esa sociedad a sus *hijos* (*babalawo*) y estos a los demás *babalawo* por generaciones.

Ciertamente, de esta narración se pueden extraer algunos aspectos de vital importancia. El primero es que, si bien *Orunmila* fue iniciado en *Egbé Balogún*, ello no implica que él, míticamente, haya tenido el control exclusivo de dichas iniciaciones. De hecho, bien podría afirmarse que quienes lo tienen son *Obatalá* y *Ogún*. En ese sentido, se podría pensar que también los iniciados en los cultos de ambos *orisha* tendrían el poder de acceder a las ceremonias que dotan de autoridad para utilizar el cuchillo ritual. Sin embargo, y por otro lado, esto último no es lo que se ha podido observar y conocer en el trabajo de campo. La presencia de *Obatalá* y *Ogún* en ese *pataki* más bien revela que ambos *orisha* son cruciales en las ceremonias del recibimiento del cuchillo por parte de los *babalawo*, como lo han expresado varios de ellos a los que he inquirido sobre esta cuestión. *Ogún*, presente por ser el verdadero dueño del cuchillo y de todos los instrumentos de metal (con lo cual se implica cierta asociación con la inherente violencia de este *orisha*) y *Obatalá*, el cual se hace necesario para balancear y, de hecho, controlar dicha violencia a la que se ha hecho mención. Sin embargo, aún no revela esta explicación el por qué las ceremonias de *coger cuchillo* se entienden por muchos *babalawo* como exclusivas de ellos. Habrá que explorar otra posibilidad etiológica.

A través del análisis histórico del culto a *Orunmila* y de la cultura de los *babalawo* en Cuba desde el siglo XIX y durante todo el siglo XX, queda de manifiesto que en torno a la figura del babalawo han girado, casi de maneras centrípetas, múltiples cultos más allá del principal de ellos que ha sido el de Orunmila. *Tradicionalmente* el *babalawo* ha controlado el culto a *Egun* (ancestros), a *Orun* (capataz de los ancestros), a *Osain* (dueño mítico de la herbolaria y sus conocimientos) y, por supuesto, ha controlado también la ceremonia de *coger cuchillo*. En África continental, estos cultos eran, y siguen siendo, controlados por sociedades que se especializan en esos cultos particulares. Sin embargo, a través del proceso de tráfico de esclavos, dichas estructuras societales no se reprodujeron *de maneras continuas* en el Caribe. En este caso, la figura del *babalawo* en el Caribe ha sido la que ha sustituido, de manera un tanto discontinua, a esas sociedades. Es muy probable que, entre los primeros *babalawo* que llegaron al Caribe (a Cuba sobre todo que fue donde floreció la Regla de Osha-Ifá) hayan pasado, a su vez, por iniciaciones variadas y en la nueva geografía, ante la ausencia de las sociedades que iniciaban en los distintos secretos, ellos mismos asumieron el rol de capitalizar las iniciaciones y controlar los cultos a los que se ha hecho mención arriba. Este esquema de acciones rituales se siguió reproduciendo hasta nuestros días. Técnicamente, no sólo los *babalawo* podían o pueden recibir de otro algún *fundamento* o *poder religioso*. Los *olosha*, y esto es notorio, también han pasado por rituales que, si bien se entiende que la figura del *babalawo* controla, no necesariamente lo hace exclusivo para los iniciados en el culto a *Orunmila*. Este es el caso de *Osain*, cuya representación material puede ser recibida y su proceso ritual pasado por *olosha* o *santeros*. Ocurrió, y algunos afirman que sigue ocurriendo, de igual forma con la ceremonia de *coger cuchillo*. En una explicación común entre algunos *olosha* y babalawo que hace muchos años algunos babalawo permitieron que *olosha* (hombres) *recibieran cuchillo*. Como todo aquello que se *recibe* de un *babalawo*, la regla que impera es que la persona receptora, si no es *babalawo*, no debe reproducir esa ceremonia y, como tal, no debe entregar a nadie más lo que le entregaron a él. Sin embargo, en algún momento esta regla se quebró en relación con el cuchillo ritual. De ahí que *olosha* comenzaron a *entregarle cuchillo* a otros *olosha* (hombres y mujeres) y surgió así la tradición de la ceremonia del cuchillo de santero: *Pinardo*. Ante esto, no es de extrañar que muchos *babalawo* desestimen la validez tanto de las ceremonias como del objeto ritual mismo.

II

Todo acto ritual tiene su tiempo y espacio específicos en la cosmología de la Regla de Osha-Ifá. Estos son determinados, generalmente, por algún sistema adivinatorio. A partir del conocimiento que se cree que emana de estos sistemas oraculares se llevan a cabo sacrificios de gran variedad en términos cuantitativos y cualitativos. Entre los sistemas más utilizados para la determinación de la realización de un sacrificio y su lugar está el oráculo del *Dilogún* (exclusivo de olosha), el cual consiste de 16 caracoles caurí; el *Ékuele* (exclusivo de *babalawo*), el cual consiste de una cadena con ocho *medallones* de coco (estos son los más comunes mas no los únicos) en formas cóncavas y *Ikin Ifá* (exclusivo del *babalawo*), el cual consiste de 16 semillas de palma aceitera africana. De estos tres oráculos, los que se consideran como más exactos y con mayor poder gnoseológico son los exclusivos de *babalawo* porque se parte de la premisa que quien los controla es *Orunmila*, *orisha* al que míticamente *Olodumare* le permitió presenciar la creación de todo lo que existe y, como tal, posee la sabiduría total del cosmos. En ese sentido, se entiende que los *babalawo* serán los que tendrán mayores posibilidades de determinar cuál(es) será(n) el o los sacrificios que se tengan que llevar a cabo, a qué *orisha* o *egun* se le va a ofrecer, cuándo y dónde. Los lugares y los tiempos variarán a partir de las necesidades de la persona que va a ofrecer el sacrificio. En la cosmología de la Regla de Osha-Ifa existen horas y lugares que se relacionan con *orisha* y con egun. Por ejemplo, se cree que todo lo que se relaciona con los ancestros, *Egun*, debe hacerse de noche ya que de acuerdo con las creencias después de las seis de la tarde los *orisha* abandonan el mundo y lo dejan en control de los ancestros. De igual forma, esos sacrificios pueden realizarse en lugares que se asocian con los ancestros: cementerios, montes o en los altares domésticos que los iniciado(a)s poseen para rendirle culto a estas entidades.

Para ejemplificar específicamente lo anterior, es meritorio describir las acciones sacrificiales que ocurren durante una iniciación de alguien en el culto a algún *orisha* que no sea *Orunmila*. Como se mencionó antes, ese proceso se conoce con el nombre de *kariosha* y el lugar donde ocurre es conocido como *cuarto de santo* o *igbodú*. Al momento del ritual de los sacrificios, conocido como *matanza*, tiene que haber ocurrido con cierta anterioridad el sacrificio a los ancestros, generalmente ubicados en alguna parte exterior al lugar en donde está aconteciendo la iniciación. De igual manera, antes de que los *orisha* "coman", algún iniciado tiene que "darle conocimiento" de que eso va a ocurrir. Se parte de la premisa de que las deidades tienen que conocer a través del oráculo de Biagué lo que se les va a ofrecer. De no hacerse este procedimiento, se cree que los *orisha* no sabrán que "comerán" y si no reconocen eso sus representaciones materiales no "nacerán" propiamente. Este oráculo es de utilización universal entre los *olosha* y *babalawo*. Consiste de cuatro pedazos de pulpa de coco fresco, los cuales son lanzados al suelo después de haber hecho cierta invocación conocida como *moyuba*. De acuerdo a la posición que muestren, cóncava o convexa, se cree que los *orisha* responderán si reconocen que se les "alimentará" por primera vez a través de sus representaciones materiales ya debidamente confeccionadas y ritualizadas. Una vez que se ha realizado la adivinación (que se le ha *dado coco* a los *orisha*), habiendo hecho esto, comenzando con el *orisha Eshu* y finalizando con el *orisha* tutelar, aquél(la) en cuyo culto la persona se está iniciando, el *babalawo* procede propiamente a realizar la matanza. Ésta tendrá que proceder en el mismo orden en que fue realizada la adivinación con el coco. Siempre *Eshu* comerá primero y sólo el *babalawo* se entiende como el autorizado para ofrecer sacrificios a ese *orisha*. Es decir, entonces, para comenzar la matanza, la figura del *babalawo* es central. Míticamente se cree que *Orunmila* fue el que hizo un pacto con *Eshu*, en el cual éste se comprometía a alimentar a *Eshu* para evitar que éste se comiera todo lo que *Orunmila* poseyera, dado su carácter glotón. De ahí que sólo los descendientes de *Orunmila* (*babalawo*) son los autorizados a llevar a cabo esos rituales sacrificiales. La matanza, entonces, transcurrirá reconociendo un orden ciertamente vertical que materialmente se expresa en la horizontalidad que presentan las representaciones materiales de los *orisha* ubicadas sobre el suelo raso. De igual forma, a cada *orisha* se le sacrificarán los animales que se sabe que le gustan y que son indispensables cuando una representación material "nace" y come por vez primera. En ese sentido, los animales sacrificiales están estrictamente tipificados de acuerdo con saberes cuyo origen específico en el tiempo no se puede descifrar. Sin embargo, dicho desconocimiento temporal no afecta en nada la realización de la matanza ya que a través del cuerpo de conocimientos conocido como *Ifá* el *babalawo* encuentra no sólo conocimientos sino sentido para los sacrificios que lleva a cabo. Por ejemplo, entre esos conocimientos se encuentran aquellos relacionados con las jerarquías generales de los animales sacrificiales. Es notorio que en cada matanza el animal de cuatro patas (chivo(a) y borrego) es sacrificado en primer lugar. Luego, en algunas instancias, se sigue con las aves (pollones, gallos, gallinas, patos, codornices y pajarillos) respectivas de cada *orisha*. En el caso de los sacrificios que se le ofrecen al *orisha Shangó*, inmediatamente después del sacrificio del carnero, corresponde el turno, antes de las aves, a la jicotea.

Por otro lado, es meritorio esclarecer que la matanza puede entenderse como el paso previo y primordial para otras labores que en el fondo son las que ofrecen sentido al sacrificio en estos contextos. La matanza está en función de hacer disponibles los animales que eventualmente se cocerán para ser ofrendados a los *orisha* y a la público que se dé cita el *día del medio*, ocasión en la cual familiares y amigos tendrán la posibilidad de visitar al *iyawó*, iniciado(a) y compartir con él o ella. Pero, no sólo se hacen accesibles los animales que, una vez sacrificados, sus carnes serán confeccionadas sino que también, junto con el sacrificio que se le ofrece a los orisha, se ritualiza la sazón con la que se van a cocinar dichas carnes. En una jícara pequeña se deposita sal, a excepción de la correspondiente al *orisha* en la cual se deposita cascarilla y manteca de cacao, y se coloca justo en frente de la representación material de cada *orisha*. En esas jícaras también caerá sangre de los animales que se sacrifiquen.

Estando dispuestos los elementos necesarios, el *babalawo* procederá con los sacrificios, comenzando, como se señaló arriba, con *Eshu* y los demás *guerreros, Ogún, Ochosi y Osun*. Todos los animales que se vayan a sacrificar tendrán que ser presentados por las partes medulares del cuerpo de la persona que se inicia (cabeza, nuca, hombros, abdómen, rodillas, pies y manos) con el sentido de que dicha persona, en efecto, sea sustituida por el animal sacrificial.

Al terminar los sacrificios a los guerreros se le ofrecerá ron y miel, actos que se realizan con casi todos los demás orisha a excepción de *Obatalá*, al cual generalmente no se le ofrece bebida alcohólica alguna, y *Shangó*, al cual se le ofrece vino seco en lugar de ron. De igual forma, se sacarán plumas de las aves y se realizará el ritual del *ogberosontele*, el cual tiene el sentido de que, colocándole encima las plumas de las aves sacrificadas a cada *orisha*, éstos reciban las constataciones de lo que se les sacrificó. En el caso de los animales de cuatro patas, se procede a *bailar con la cabeza* en frente de las representaciones materiales de los *orisha*. Este ritual tiene el sentido de, por un lado hacerle constar al *orisha* que cierto animal de cuatro patas le ha sido sacrificado y, por otro, al *bailar con la cabeza* del animal sacrificado, metafóricamente se baila la cabeza de los enemigos de la persona iniciada que ofrece tales sacrificios. Al finalizar de la *bailar la cabeza*, el *babalawo* dirige ésta hacia la persona que se está iniciando para que lama una parte específica y luego la cabeza del animal es colocada encima de la representación material del *orisha* al que le corresponde.

Bien puede afirmarse que el ritual sacrificial conocido como la *matanza* y, como tal, los deberes sacrificiales del *babalawo* finalizan en una ceremonia de *kariosha* con un ritual conocido como *fifeto*. El sentido central de este ritual es el de no sólo clausurar, como se mencionó antes, el proceso de la *matanza* sino también hacerle saber y ofrecer confirmaciones de que en efecto a cada representación material de los *orisha* se le han ofrecido sacrificios específicos. Por otro lado, y no menos importante, este ritual tendrá el sentido de hacerle creer al *orisha Ogún* que ningún humano a sacrificado sino que ha sido el propio *Ogún* el que ha puesto la fuerza para que tales sacrificios se lleven a cabo. El *fifeto*, en ese sentido, implicará actos de limpieza y de desentendimiento de todo acto sacrificial ocurrido con anterioridad. Nadie podría adjudicarse los sacrificios, ni siquiera el *babalawo*. Hacerlo implicaría que tal persona que se los adjudique deliberadamente ha pretendido usurpar el derecho de *Ogún* para matar. De alguna forma habrá que refrescar toda esa violencia ritual que se ha desplegado. Para ello, se colocan los cuchillos sacrificiales frente a la representación material de *Ogún*. Generalmente son dos o tres cuchillos los que, con sus hojas entrecruzadas, se colocan con las puntas en dirección a *Ogún*. Pero, antes de ser colocados, a sus hojas se les ha untado bastante *manteca de corojo* o aceite de palma aceitera africana que en la Regla de Osha-Ifa tiene el sentido de apaciguar la furia de seres sobrenaturales y seres humanos. Posteriormente, y encima de las navajas de los cuchillos, se echarán gran variedad de elementos que se han utilizado en general durante toda la ceremonia de *kariosha*. En ese sentido, se le está liberando de la furia y violencia de *Ogún* no sólo a los cuchillos sino a todos los elementos que se han usado para hacer nacer un(a) nuevo(a) iniciado(a). Encima de todo lo que yace sobre los cuchillos, el *babalawo* ofrecerá un guinea (con la que previamente se ha limpiado ritualmente a todo(a)s los presentes, iniciado(a)s o no) como sacrificio y regará un poco de su sangre encima de todas las representaciones materiales de los orisha exceptuando a *Eshu*, *orisha* que no come guinea. El sentido de la guinea, de su sangre, tiene un relación profunda con tanto con su rapidez como su sagacidad. Es común que, en ceremonias en las cuales alguna guinea se va a ofrecer en sacrificio, la gente tenga muy presente los cuidados que se deben tener al momento de agarrar alguna ya que si se llegara a escapar de la jaula o saco en los que a veces se mantienen hasta ser sacrificadas resultará casi imposible agarrarla. En esa línea, es decir, en relación con la capacidad que ese ave posee para escapar es que se debe apreciar su propia acción metafórica. Se le ofrece guinea a las representaciones materiales de la mayor parte de los *orisha* para que las posibles repercusiones de haber tomado el lugar de *Ogún* asimismo salgan y se vayan lejos del lugar de la ceremonia salvaguardando a todos los que allí estuvieron. Posteriormente, el *babalawo* procederá a dar coco para hacer del conocimiento de los *orisha* todo lo que se le ha ofrecido en sacrificio. Una vez que la adivinación ha concluido, todo lo que se había colocado encima de las navajas de los cuchillos se repartirá en cuatro paquetitos de papel de estraza con los cuales se limpiarán todas las cabezas de los presentes para despojarlos de todo osogbo que haya emanado de la matanza. De esos paquetes, uno será lanzado a la calle en claro acto de botar todo lo malo y los otros tres se quedarán con los guerreros (*Eshu*, *Ogún*, *Ochosi* y *Osun*) para que éstos retengan todo lo negativo y no permitan que se esparza. Finalmente, el *babalawo* hará el ritual del bailar con los cuchillos, a través del cual se busca hacerle creer a *Ogún* que quien llevó a cabo fue él mismo y no el *babalawo*. Esto último será completado cuando el *babalawo* le lance los cuchillos a la representación material de *Ogún* de frente (haciendo que se arrastren por el piso). "¡*Ogún*, usted mató!". Ésa generalmente es la última expresión de un *babalawo* al finalizar el *fifeto*.

III

Durante todo el proceso ritual de la *matanza*, el *babalawo* y sus asistentes deben ir disponiendo de los animales sacrificados de manera continua. Por razones de espacio y de movilización de una cadena de trabajo específica, no deben acumularse los cuerpos de los animales sacrificados en el espacio sacrificial. Para tales efectos, los animales de cuatro patas, una vez ofrecidos, son llevados a un área afuera del espacio sacrificial en la cual habrá una persona, el *abridor*, que los recibirá para comenzar a desollarlos y destazarlos de acuerdo con técnicas y procedimientos absolutamente meticulosos. En este caso, en el de los animales de cuatro patas, siempre que se saca hacia donde esté el *abridor*, se hace colocándole un coco seco en el abdomen. Cuando se llega a la mesa sobre la cual se abrirá al animal, la persona que lo lleva deberá colocarlo con fuerza y hacer que el coco choque contra la superficie de esa mesa. Esto resulta ser muy importante ya que el sonido del coco busca imitar el de la cabeza del animal, la cual está ausente porque se encuentra en el espacio sacrificial. Éste es, a todas luces, otro de los ardides que los iniciados utilizan para no dejar ver de manera explícita o flagrante que se están sacrificando animales a manos de humanos. Por otro lado, las aves, después de haber sido ofrecido y habérsele efectuado el *ogberosontele*, son levantadas del suelo donde yacen y colocadas en una palangana, la cual está identificada con el número emblemático de cada *orisha*. Cada *orisha* tendrá su propia *palangana*, con excepción de los *orisha Yemayá* y *Shangó*, los cuales *comen* siempre juntos. Ese sistema de *palanganas* indudablemente hará posible la segregación efectiva de los animales sacrificados y de, aún más importante, sus respectivas carnes.

Mientras el *abridor* concentra sus esfuerzos gradualmente en destazar apropiadamente los animales de cuatro patas que le vayan llegando, otro grupo de *olosha*, en muchas ocasiones son más abundantes las *iyalosha* que los *babalosha*, van gestionando el procesamiento de las aves que también les van llevando en sus respectivas palanganas. El *abridor*, mientras va terminando su trabajo con cada animal lo va posicionando en orden, de acuerdo a la jerarquía general que entre los *orisha* se reconoce. En algún momento, las partes de los animales de cuatro patas, las cuales están contenidas en la propia piel de animal, tendrán que ser llevadas antes las representaciones materiales de los *orisha* a los cuales fueron ofrecidas para ser presentadas. Es decir, ninguna de esa carne podrá ser procesada posteriormente si no se le presenta debidamente, parte por parte, a los *orisha*. Esto tiene mucho sentido. Al fin y al cabo, se le está informando a los *orisha* que ésas son las carnes de las cuales no sólo ellos comerán sino también los humanos que estén presentes cuando estén listas. Sin embargo, dichas presentaciones no son necesarias para las carnes de las aves. Luego de ser desplumadas y dispuestas sus carnes, se sacarán los *asheses* (técnicamente las partes de las carnes que serán destinadas a los *orisha* como ofrendas rituales cuando la *matanza* finalice), se sacará todo lo que los humanos comerán y luego volverán a las *palanganas* y eventualmente irán a la cocina para que sean confeccionadas. Lo mismo ocurrirá con las carnes de los animales de cuatro patas una vez que hayan sido presentadas.

Como es de suponerse, una vez que los *asheses* y las demás carnes están en la cocina, lo primero que se hará es confeccionar los *asheses* ya que son los que serán ofrendados a quienes se cree que tienen el derecho de comer primero: los *orisha*. La confección o elaboración de estos alimentos rituales requerirá de alguien con conocimiento para hacerlo. No simplemente se trata de cocinar. En el fondo se trata de un ejercicio sintáctico complejo entre tipos de carne, diferentes tipos de manteca, y otros elementos para elaborar aquello que será *ingerido* por entidades de las cuales se quiere obtener lo mejor para la vida del recién iniciado y de todos los que han participado, directa o indirectamente, de ese *kariosha*. Como tal, cada comida para un *orisha* específico, tendrá que ser preparada con cosas específicas que se le atribuyen a esa entidad. Entre éstas, como parcialmente se mencionó arriba, la manteca de cacao y la de corojo son imprescindibles. El sentido de las mantecas en la Regla de Osha-Ifa es el del apaciguamiento de furias, ya sea de seres sobrenaturales como de humanos. Junto con la manteca, el ñame y las mazorcas de maíz van armando un *texto metafórico*, el cual cobrará fuerza y contundencia cuando se combine con el *ashé* de las jícaras que fueron ubicadas en frente de cada representación material de los orisha cuando *comieron* los sacrificios que les fueron ofrecidos. Una vez cocidas las carnes, los ñames y las mazorcas, todo se servirá en jícaras independientes. En cada una irán las carnes en el fondo y encima de ellas bolas de ñame y rodajas relativamente delgadas de mazorcas (de ambas, la cantidad dependerá de los número emblemáticos del *orisha*). El ñame tiene el sentido de el sustento para que los humanos puedan vivir y reproducirse, y la mazorca, el maíz en sí, el de la prosperidad económica. De tal forma que, de manera textual, podría traducirse cada servicio de la siguiente manera:

Orisha, se le ofrece en jícara su carne, para que
se haga constar que se le ha alimentado con sacri-
ficios apropiados, se le ofrece ñame para que nos
garantice el sustento y maíz para que nunca falte el
desenvolvimiento económico. Todo esto va con la
fuerza, el ashé, para que así sea y este ofrecimien-
to no carezca de capacidad para mover sus fuerzas
a nuestro favor.

Todas las jícaras serán colocadas en frente de cada una de las representaciones materiales de los *orisha*. Por otro lado, con el resto de las carnes que fueron dispuestas, se prepararán diferentes guisos, los cuales podrán ser disfrutados por los asistentes a el *día del medio*, ocasión en la cual propiamente se festeja el nacimiento de un(a) nuevo(a) iniciado(a) en la Regla de Osha-Ifa y que siempre tiene lugar al día siguiente de la matanza. Se cree que toda persona que asista a *el día del medio*, debe, al menos, probar alguna de las carnes que fueron preparadas ya que ellas contienen el *ashé* de los *orisha* y, como tal, son portadoras de todo tipo de bondades para quienes las ingieran. Habrá quienes no podrán comer ciertas carnes, sobre todo aquellas que provengan de los animales que se le sacrificaron a sus *orisha* tutelares, sin embargo, ello no impedirá que puedan ingerir otras.

Finalmente, y aunque implícitamente se pretenda que la comida reúna a *olosha* y *babalawo*, que le otorgue cierto sentido de comunidad religiosa, ciertamente mucha gente ya no está muy ávida de comer de las carnes que se preparan para su disfrute. Algunos iniciados afirman que no confían que esas carnes hayan sido preparadas con buena fe y temen que algunas de ellas lleve consigo algún tipo de *brujería* que les pueda perjudicar. Por otro lado, alguna gente no logra adecuarse al sabor fresco de las carnes. Mucho(a)s iniciado(a)s viejo(a)s, los que le llaman de *alawalawa*, critican severamente cómo los más jóvenes se dejan llevar por las exigencias de sus paladares sin darse cuenta que en el *día del medio* se come ritualmente para conseguir salud, firmeza, desenvolvimiento, prosperidad y sobre todo, las bendiciones de los *orisha*. Los sentidos van siendo expresados de maneras diversas y, de igual forma, van siendo asumidos. Mayores y menores rituales transitan entre ellos, algunos con la mayor conciencia, otros sin mayores imperativos que los que estipulan sus propias condiciones de novato(a)s en en mundo abundante de metáforas que aún restan por ser comprendidas en sí mismas.

¿Incivilizado masticar?

I

Uno de los aspectos que mayor memoria provoca en mí
acerca de mi educación primaria, pero sobre todo, la secundaria y preuniversitaria, es indudablemente la cuestión disci-
plinaria de los regímenes escolares en los que estuve inscrito.
Podría establecerse que, aunque me refiero específicamente a
mi caso pero que puede ser el de mucho(a)s, los contenidos de
las materias no son tan memorables como aquellos que estuvieron relacionados con la "educación" en términos de hábitos
y civismo. ¿Cómo olvidar los excesos y obsesiones que tras-
lucían a través de los reglamentos escolares en relación con
el "correcto vestir", la fijación con la tenencia de un uniforme
perfecto; la compulsión con la apariencia, sobretodo aquello
relacionado con el corte del cabello (ni muy largo, ni muy
corto) que tenía que lucir nítidamente mustio, insípido, como
impidiendo que cualquier lenguaje de propiedad en términos
identitarios se colara a través de algún bucle mal ubicado o de
un rapazo "excesivo" ante los ojos de los administradores de la
moral? ¿Cómo pasar por alto las formas "correctas" de hablar-
le a alguien de autoridad, los tonos adecuados, los volúmenes
perfectos? ¿Cómo no recordar todas las ridiculeces que los diversos estatutos escolares han venido practicando para lograr
ciudadano(a)s de bien, lejos de las drogas, de los extremismos
políticos, de la inutilidad social, de los excesos, apegados a la
vida de Jesús (maquillado de un conservadurismo patético),
lejos de las formas indeseables de comportarse, de beber, de
sentir, de comer hasta de pensar y soñar? ¿Cómo no recordar
la múltiples veces en las que cualquiera que tuviese la posibilidad, desafiaba la grisácea quietud de alguna materia con la
vida y la emoción que podría proveer masticar un chicle? En
aquellos momentos en los que nada que no fuera aborrecible
podría anhelarse, de las pocas salvaciones que habían disponibles era innegablemente la de meter la mano en algún bolsillo
del pantalón o del bulto y de algún compartimiento, quizá
secreto, sacar una pieza de goma de mascar. Luego, la ocupa-
ción principal estribaba en hacer eso y, además, desenvolverlo

sin hacer el más mínimo ruido, llevarlo a la boca sin ser notado, y lo peor, no mascarlo pronunciadamente y, mientras, controlar el furor que provocaba tanto sabor comprimido en una pieza tan pequeña de chicle. Ser descubierto(a) implicaba ser sometido(a), en muchos casos, a castigos variados. Nadie jamás explicaba por qué era "malo" mascar chicle en clase. Simplemente estaba prohibido. Todo era despachado con dos "sólidas" verdades: (a) no era permitido y, (b) era una mala costumbre. ¡Vaya educación aquella! No sé cuántas veces alguien fue amonestado por la "terrible" comisión del acto de mascar mientras se pretendía que pusiera toda su atención a todo aquello que realmente le traería bienestar y progreso. Ser educado iba de la mano con un quietismo total, absoluto. La "buena" educación exigía estarse quieto, de pies a cabeza. Todo movimiento continuo era entendido como un obstáculo que había que erradicar, sacar de en medio del proceso de iluminación mental. La figura más efectiva, a juzgar por aquello(a)s que nos estaban salvando de ser unos imbéciles poco educados, era el castigo. Aunque el panorama antes expuesto no constituye un universo, es decir, no todo proceso educativo ha sido tan intensamente así como el que he descrito, ciertamente en una buena parte de los colegios católicos en Puerto Rico lo anterior aplica casi de manera exacta. Sin embargo, y aunque a mucho(a)s les parezca fútil, mi preocupación principal aquí tiene que ver con la figura del chicle y su relación con el castigo (con lo disciplinario) en algunos contextos escolares.

II

La historia de los alimentos procedentes originalmente de América bien podría ser una extensa. De igual forma, puede ser interminable cualquier narrativa que pretenda ofrecer una visión absolutamente abarcadora del impacto que algunos alimentos americanos han tenido tanto en el desarrollo diversos grupos humanos en y fuera del continente americano. Sin embargo, y pese a las discrepancias que puedan existir, hay tres alimentos americanos que han generado el mayor impacto, sobre todo, obviamente, a partir del siglo XVI: el maíz, el chocolate y la papa (Ritchie [1981] 1996, 146-151). Los dos primeros, provenientes de Centroamérica y el último de Sudamérica definitivamente fueron abriéndose paso en Europa y luego a lo largo y ancho del planeta en la medida en que la división internacional del trabajo se encargó de que distintos elementos autóctonos de diversas regiones viajaran desde sus lugares de origen hacia otros y allí gradualmente se convirtieran en elementos esenciales en la alimentación. Ahora bien, no todo alimento, por así llamarlo, endógeno de América sería estrictamente comestible. Ha habido uno que sería mejor catalogarlo como *masticable*, cuyo impacto en el mundo europeo y norteamericano hasta nuestros días ha sido avasallador: el chicle. Originalmente llamado *tzictli* por los mexica, este masticable se obtenía de un árbol conocido en lengua náhua'tl como *chicozapotl* o chicozapote. Del tronco de ese árbol, a partir de escarificaciones hechas en forma de *zigzag* se obtenía un líquido lechoso y pegajoso (látex), el cual eventualmente sería hervido y convertido en un tipo de goma que era utilizada para mascar y, como elemento importante, para mantener limpia la dentadura (Montemayor 2007; Enciso 2007). Como resultado de la pegajosidad del *tzictli*, éste era mascado habitualmente para tales fines. De hecho, para el siglo XVI, la masticación del *tzictli* parece que era bastante común. Aunque su producción original estaba ubicada en la parte oriental de lo que actualmente se conoce como México, específicamente entre los estados de Campeche y Quintana Roo, su presencia era notoria en Tenochtitlan. Sin embargo, para que el *tzictli* se convirtiera en un elemento producido industrialmente y comerciado por todo el mundo tendrían que pasar varios siglos, por los menos hasta el siglo XIX (Enciso), cuando el general Santa Anna, en una visita a EUA, le dio un pedazo de chicle a Thomas Adams, Jr., quien quiso determinar qué tanto aquel material podría ser vulcanizado y así poder ser utilizado para fabricar dentadura postiza. Aunque eventualmente su experimento fracasó, Adams envió la goma a una dulcería en Nueva Jersey en donde fue un éxito casi de inmediato. Aquella goma no tenía ningún parecido con las que hoy se mascan (Landon 1935, 184-5). Aquélla sólo consistía de chicle, es decir, sin azúcar ni saborizantes. Posteriormente, a partir de la Primera Guerra Mundial, el consumo del chicle se esparció en la medida en que los soldados estadounidenses eran enviados a luchar en diferentes frentes en Europa (Landon). Sin embargo, el chicle que se haría popular a partir de la diseminación que se hiciese desde EUA no sería aquél que Santa Anna le regalaría a Adams. Éste tendría, además de su componente base, azúcar y saborizantes tales como el mentol (Glover 1939, 180). En la medida en que el siglo XX iba avanzando, el chicle también se convertiría en un ícono de la llamada cultura "pop" estadounidense. Con sus diferentes sabores, texturas, colores y presentaciones en general, el chicle se ha convertido, hasta nuestros días, en un masticable cuyo consumo es estimulado intensamente a través de medios masivos de comunicación y otras técnicas de mercadotecnia contemporáneas. Para aplacar el hambre, para simplemente mascar, para tener sensaciones intensas, para refrescar la boca o para quitar la sed (ya que la masticación del chicle estimula la salivación), el chicle y su masticación se han convertido no sólo en algo muy común en muchas partes del mundo sino que en otras es considerado ya casi como un imperativo en ciertas circunstancias.

III

A partir de la conquista y colonización de México por parte de los españoles, no sólo se generarían trastoques a nivel estructural social, económico, político sino que también a nivel cultural y religioso. En la reestructuración general del espacio y vida del otro, operarían, en principio, cuatro elementos claves: la aplicación de fuerza, la intervención del Cristianismo, la creación/imposición de cuestiones relativas a la jurisprudencia y la educación, íntimamente ligada a las labores misioneras. Las múltiples transformaciones que se llevarían a cabo implicarían actos deliberadamente pensados desde la intención de deculturar a esos otros y, como resultado, reconstruirlos como entes nuevos precisamente en un escenario novel repleto de instrumentos de dominación. Por otro lado, y habrá que ser enfático en esto, el telón de fondo contra el cual se justificarían estas acciones, las de dominio y control, sería el elemento *civilización*. El otro, el ser humano náhua'tl, sería entendido como viviendo en la barbarie y, como tal, necesitado de todo aquello que la Europa del siglo XV tenía que brindarle para llevarlo a un nivel de vida decoroso. Esta opinión, aunque tradicionalmente se ha pensado lo contrario, no era homogénea. Es decir, no todo miembro de los aparatos de dominación estaba convencido de la *barbarie* del náhua'tl. Sin embargo, al parecer, esa visión barbarizante sería la predominante. Y más aún, si bien algunos no compartían dicha visión, la gran mayoría estaba clara en que su propósito era conquistar, ya fuera material o espiritualmente, a los pobladores de estos territorios. Resulta verdaderamente impresionante cómo Cortés, cuya intención era dominar, relata en sus Cartas de Relación la impresión que le causó uno de los mercados que visitó en Tenochtitlan. Su asombro transpira a través de sus letras. De hecho, en una de sus cartas, le expresó a Carlos V que esas tierras eran tan parecidas a España que se les deberían llamar La Nueva España. En esa línea, nótese cómo si bien por una parte existió admiración hacia la otredad, por otra se sabía que no había otra posibilidad de establecer la dominación sino a través de un cambio de paradigma, quizá un cambio de civilización. En este caso, la civilización implicaría la forma total de SER en el mundo. Es decir, habría que hacer ser a esos otros de la manera en que podrían encajar adecuadamente en las reestructuraciones que se pensaban. Todas aquellas costumbres, modos de hacer y pensar, modos de significar y de aprehender el mundo tendrían que ser eliminadas y sustituidas por aquellas que bien harían de los habitantes endógenos seres en propiedad y no en la extrañeza. Esto implicaría imprimir

formas nuevas de hablar, vestir, comportarse, escuchar, entender, pensar, aprender, asearse, y hasta de comer. Lo anterior
estaría matizado por la presencia innegable de los represen-
tantes de la iglesia católica, los cuales a su vez tendrían un rol
de suma importancia en la educación. Se educaría *cristiana-
mente* para hacer de los "indios" seres que fueran útiles a la
sociedad que estaba cuajándose. Como todo intento educativo, éste no carecería de sus metodologías disciplinarias claras
y contundentes.

IV

Aunque éste no pretende ser un texto acerca de la historia
de la educación en México, ni en ninguna otra parte, ciertamente resulta importante tener en cuenta que en la década de
los 30's del siglo XVI se fundó el primer centro educativo en
México conocido como El Imperial Colegio de Santa Cruz de
Tlatelolco. Esta iniciativa pedagógica estaría a cargo de frailes franciscanos, los cuales pretendían a través de dicha educación aculturar a indígenas y formar con ellos una sociedad
cristiana perfecta. En ese sentido, se pretendió también que
los indígenas cristianizados (mayormente de extracción noble)
se convirtieran en los aliados endógenos de la expansión y dominación colonial. Se trataba, como ha sido mencionado por
otros autores, de la intención de una conquista espiritual (Ri-
card 1947; Rivas). Aquello no sólo tendría como objetivos la
mente y el cuerpo del otro, es decir, su transformación, sino
que eventualmente, y más allá de la educación, inclusive con-
sistiría en reconformar el espacio del otro, por ejemplo con la
construcción de iglesias encima de los centros rituales indígenas. Independientemente de los detalles absolutamente específicos que conformaban aquella educación, el telón de fondo
franciscano es importante mencionarlo ya que aquella nueva
sociedad cristiana pretendía ser erigida a partir de votos de
pobreza y obediencia. Como han mencionado otros autores,

se pensaba que "... Los indios eran niños, de cera blanda, que podían ser moldeados en cualquier forma deseada (de Fiori)." En ese sentido, y se recalca de manera enfática, la obediencia a los "padres espirituales" era algo que no debía ser cuestionado. Para ello, no es difícil deducir que aquella educación estaría matizada por relaciones, en parte, de disciplina y castigo. Por ejemplo, es notorio que:

> Los esfuerzos de los frailes trajeron la eliminación prácticamente inmediata de numerosos elementos no cristianos en la sociedad indígena ... Algunos indios eran comisionados para asegurar la asistencia a la misa y las personas que no asistían eran castigadas ... El castigo y la fuerza desempeñaron un papel mayor en la conversión de México de lo que suele reconocerse ... Los franciscanos de Taltelolco, en el siglo XVI, oían las causas civiles y penales de los indígenas, castigaban a los culpables y los sentenciaban a una cárcel franciscana local ... En los procedimientos de convocatoria en las doctrinas, los indígenas eran reunidos y contados, y los ausentes eran azotados despúes (Gibson 1977)

Con base en lo anterior, bien puede visualizarse cuáles serían las condiciones en las que muchos indígenas serían educados a la cristiana. Los frailes franciscanos, a pesar de que no todo lo que realizaron puede catalogarse como lo ha hecho Gibson, asumieron propiamente el rol de padres y tendrían en los indígenas a los "niños" perfectos para ser transformados o llevados de la mano hacia la "buena nueva" del Dios de los cristianos. Ello implicaría que, en tanto relaciones paterno filiales, los indígenas tendrían la obligación de obedecer a sus mayores so pena de una serie de castigos. En ese ámbito, la transformación del cuerpo pagano en uno cristiano sería un elemento fundamental. Los padres servirían de modelos a seguir por parte de los indígenas. Aquellos franciscanos podría afirmarse, como lo ha hecho Bataille, tendrían, como sacerdotes, que conquistar a través de sus negaciones (Foucault 1977, 31). Es decir, el cuerpo se convertiría en un recinto en el cual entraría la divinidad y, como tal, habría que mantenerlo alejado de los placeres mundanos. De igual forma, la divinidad requeriría que esos cuerpos se comportaran en control y sin provocar perturbación a la relación entre las almas y la divinidad misma, lo cual llevaría a su vez a fijar la atención en aquellos hábitos que pudiera interrumpir, tanto la enseñanza como el acercamiento a los sagrado. En este contexto, el silencio del hijo prudente ante el padre sabio y autoritario sería algo fuertemente vigilado.

V

Muy a propósito de la educación de la que se ha venido haciendo mención, y de otras futuras del mismo corte católico (hasta nuestros días), es meritorio mencionar los paradigmas, a nivel general, que operan sobre cualquier educando. Es decir, y expresado de manera directa: todo alumno en alguna institución educativa católica deberá cumplir con un perfil específico. Pero, ¿cuál es el discurso dominante? Éste tiene una metáfora clara: la relación entre Jesús y todos aquellos a los cuales su palabra estaba dirigida. Específicamente podría tomarse como ejemplo un pasaje de la Biblia en el cual se manifiesta lo anterior: El Evangelio según San Mateo. En uno de los pasajes, sin duda, más paradigmáticos para el cristianismo de ese texto, El Sermón del Monte, puede observarse de manera clara cuál es el rol principal tanto del que recibe la palabra como del que la imparte. A través de los siguientes fragmentos podrá visualizarse lo anterior.

> Cuando ustedes digan sí, que sea así y cuando digan no, que sea no. Todo lo que se dice de más, viene del maligno (Mateo 5:37).

Cuando oren, no hablen mucho, como hacen los paganos: ellos creen que por mucho hablar serán escuchados (6:7).

No hagan como ellos, porque el padre que está en el cielo sabe bien qué es lo que les hace falta, antes de que se lo pidan (6:8).

Así, todo el que escucha las palabras que acabo de decir y las pone en práctica, puede compararse a un hombre sensato que edificó su casa sobre una roca (7:24).

Cuando Jesús terminó de decir estas palabras, la multitud estaba asombrada de su enseñanza (7:28).

... porque él les enseñaba como quien tiene autoridad y no como sus escribas (7:29).

Con base en lo anterior, parece quedar meridianamente claro que el rol de Jesús era hablar y el de los demás escuchar. Escuchar, en ese sentido, implica no hacer otra cosa que no sea prestar atención de manera silenciosa ya que no simplemente se trata de oír sino de, además de esa acción, apre(h)(e)nder todo lo que se está recibiendo de alguien, en este caso nada más y nada menos que del hijo del padre. Como tal, el silencio es fundamental. Nadie más hablaba. Sólo escuchaban. El rol del que escucha es, ante todo, disponer las condiciones que permitan tal acción de escuchar. El silencio por parte del escucha es indispensable. Ningún sonido, en este caso bien podría ser interpretado como ruido, debía constituir interrupción alguna en el fluir de la palabra que con autoridad se ejerce. Y cuando haya que hablar, mientras menos se diga mejor. La boca, desde ahí, serviría para utilizarla sólo en ciertas circunstancias. Ante todo, este tipo de relación constituye y seguiría constituyendo un elemento de dominación sobre el cuerpo y sobre todo de las funciones de la boca.

VI

Típico de los franciscanos ha sido, desde sus orígenes, rechazar los bienes mundanos y, sobre todo, los placeres de la carne. Podría pensarse que desde esa perspectiva, todo aquello que no constituya algo esencial y mínimo para la preservación de la vida no será bien visto. Esto, evidentemente, sólo podrá entenderse de manera relativa. Parece bastante claro que ninguna orden sigue al pie de la letra, de manera infalible, todo lo que está dispuesto en su propio reglamento. Sin embargo, el desapego, la obediencia y dar la espalda a todo aquello placentero, que se entenderá como procedente de Satán, son elementos claves en la vida religiosa tanto de esta orden como de muchas otras. En ese sentido, la actitud obediente merece cierta reflexión. Obedecer significa aceptar. Aquél que obedece no responde sino para dejar saber que no tiene otra intención que la de obedecer. Así, Jerónimo de Mendieta, fraile franciscano llegado a México en el siglo XVI afirmaba de los indígenas con agrado:

> De su obediencia, no tiene que ver con la suya la de cuantos novicios hay en las religiones ... No saben responder que no a cuanto les mandan sino que a todo responden *ma yhui*, que quiere decir 'hágase así' (Mendicta 1870. 440).

Es en ese sentido específico que debe enfatizarse la relación entre obediencia y silencio. Se ordena algo y eso se cumple sin ningún tipo de contestación o palabreo "innecesario". Por otro lado, cabe señalar que el silencio como elemento central en la vida monástica se contempla con mucha mayor contundencia en la *Regla de San Benito*, documento que ha servido para sustentar las acciones de los monjes de la orden benedictina. En él, claramente se estipula lo siguiente relativo a la actitud del monje mientras come, bebe y escucha al lector de la semana:

Reinará allí un silencio absoluto, de modo que no se perciba rumor alguno ni otra voz que no sea la del lector. Para ello sírvanse los monjes mutuamente las cosas que necesiten para comer y beber, de suerte que nadie precise pedir cosa alguna. Y si algo se necesita, ha de pedirse con el leve sonido de un signo cualquiera y no de palabra. Ni tenga allí nadie el atrevimiento de preguntar nada sobre la lectura misma o cualquier otra cosa, para no dar ocasión de hablar (*Regla de San Benito* capt. XXXVIII).

Esta cita de la *Regla* añade, por qué no, un elemento esencial a la visión franciscana en tanto que resalta la importancia del silencio al momento de que los monjes estén siendo informados con el contenido de alguna lectura. Le añade y le enfatiza a los franciscanos y cualquier otra orden el valor del silencio y del comportamiento que con la boca debe observar todo aquél que está en una posición de obediencia, de dominio que se ejerce sobre él a través de múltiples instancias. De manera literaria y gráfica a la vez, lo anterior puede percibirse a través de las páginas de la novela El Nombre de la Rosa de Umberto Eco. De igual forma, en el filme que con base en la novela se hiciera y que dirigiera Jean Jacques Annaud.

VII

A partir de lo anterior, podría afirmarse que la lógica del silencio que debe reinar como atmósfera conventual y en el seno de la actividad pedagógica ha ido conformándose en una mentalidad. Es decir, no es que simplemente alguna orden haya optado por imponer el silencio y hacer todos los esfuerzos para que éste se entienda como un valor, sino que desde el propio fundamento cristiano, desde la propia figura de Jesús,

desde la manera en que se cuajaba la relación entre él como dador de palabra y los demás como receptores que debían callar
porque nada de lo que ellos dijeran era tan importante como
la palabra del padre, desde ahí el silencio prudente se convertiría en un elemento central que vendría siendo adoptado y
aplicado a personas inmersas en la institución del monacato o
a estudiantes que cursaran en lugares dominados por órdenes
católicas. Sin embargo, e interesantemente, dicha lógica del
silencio de la que ha hecho mención, no sólo ha sido impuesta
en el sector educativo religioso sino también secular. Entornos
que han sido marcados por la conquista a través de la guerra y
del Evangelio, como todos los que en el continente americano
podrían mencionarse, allí los sistemas de instrucción pública
también han adoptado con mayor o menos éxito el silencio como elemento central en la relación educador y educando. Lo
anterior es notorio desde niveles primarios hasta superiores.
¿Cuántas veces algún estudiante respondió "fuera de lugar" a
algo que el o la maestro(a) dijo y fue tomado como desafío
o como una falta de modales? ¡Millones de veces! De ahí que
eventualmente el control del uso de la boca se convirtiera en
un asunto de modales y a fin de cuentas en uno de civilización.
Una persona que lograra dicho control *bucal* podría ser cata-
logada por muchos como una persona *educada*. Entonces, la
mala educación, tendría matices claros. Igualmente, a través
de la *buena educación*, como lo expresó Norbert Elias, estos
elementos civilizatorios del silencio se seguirían reproduciendo de maneras que parecen más por antonomasia que por un
conocimiento profundo de su génesis. Estarían, y siguen estando, prohibidos o serían percibidos como mal vistos, de mala
educación o de mal gusto, comentarios fuera de lugar, ruidos
molestos, palabras obscenas, comer con la boca abierta, masticar de manera sonora a los demás y, por supuesto, mascar
chicle. Estarían prohibidas todas aquellas emisiones que desde
la boca sometida atente en contra de la boca con autoridad
o autoritaria. En el ambiente escolar, quizá desde Santa Cruz
de Tlatelolco hasta los contemporáneos colegios, por ejemplo,
mascar chicle se considera una "mala costumbre". Bernardino

de Sahagún, otro fraile franciscano llegado a México en el siglo XVI expresó lo siguiente:

> La puta es mujer pública [...] Tiene también costumbre de sahumarse con algunos sahumerios olorosos, y andar mascando el *tzictli* para limpiar los dientes, lo cual tiene por gala, y al tiempo de mascar suenan las dentelladas como castañetas (de Sahagún 1981, 85).

Aunque podría leerse este fragmento a partir de varias ópticas, no hay duda que las dentelladas que suenan como castañetas no fueran permitidas en lugares que tenían como intención la instrucción de indígenas. Más aún, asociando la masticación del chicle con la figura de la puta, esta práctica sería estigmatizada gradualmente hasta nuestros días en múltiples instancias de la vida social.

VIII

La mentalidad y agencia civilizatoria del silencio no estaría ausente en Puerto Rico. Reproducida de maneras automáticas y automatizantes, se generarían estructuras de pensamiento que de por sí pareciera que "naturalmente" aborrecen el ruido y todo aquello sonoro que perturbe el buen pensar y vivir en general. De hecho, en muchos casos, la mentalidad de la que se trató arriba se convirtió en discurso al estar precisamente asociada a aparatos de dominación y de disciplina. Lo anterior obviamente no sería exclusivo de Puerto Rico. Es una tendencia, por no decir homogénea, bastante típica a nivel social. De tal manera que la cuestión civilizatoria se convertiría en una empresa impostergable en aras de agenciar el dominio sobre seres que si bien eran y siguen siendo entendidos como sociales, ante todo dichas cuestiones han ido en dirección de hacer predominar el poder sobre el cuerpo. Es decir, el individuo sería percibido como teniendo varias capas, si se quiere, o acepciones. Cada una va de la mano con la otra, pero no todas son tratadas efectivamente en todas las instancias. Ejemplo de lo anterior es que no siempre lo que la religión no pudo infundir en alguien la escuela lo pueda lograr. En ese sentido, si se vieran de maneras separadas tendría validez la expresión anterior. Pero, en una buena cantidad de casos, la educación, como se ha visto desde los primeros incisos de este texto, va ligada con cuestiones religiosas ya sea de maneras abiertas o solapadas. El control sobre las funciones del cuerpo y de su propia apariencia y conducción serían una de las tareas centrales de la educación, como se mencionó antes, directa o indirectamente vinculada con la religión cristiana católica al menos. La educación, en manos de religiosos o de gente sin algún tipo de consagración, sigue siendo entendida, quizá más de manera inconsciente, como un acto de civilizar al educando. Civilizar, como paradigma, requiere o implica una gama transformaciones que de ser resistidas harían aparecer lo punitivo, el castigo, lo disciplinario como agencia de control y de fuerza para obligar a quien "reniegue" de la civilización a que acate lo estipulado como necesario y benéfico para él o ella. Todo debe estar "perfectamente" en orden, el uniforme, los cortes de cabello, la ausencia de pelo en la cara de los varones, ausencia de tatuajes y por supuesto, los modales tienen necesidad de ser impecables a todo momento. Quien siga al dedillo lo anterior, será alguien de bien, un buen hijo, un buen futuro esposo, buen padre y buen ciudadano. Es decir, una persona ejemplar. Quien no, pues servirá para muchas cosas, pero sobre todo para develar los límites propios de esa educación civilizatoria que constriñe y que fija límites, los cuales se pretende que no sean rebasados. En ese caso, este texto, en parte, va en busca de lo que ha ocurrido con aquellas personas que fueron tachadas como "problemáticas" en sus escuelas y que, como resultado, permitieron la aparición de los aparatos disciplinarios. En esta compleja red de relaciones y de agencias es que debe ubicarse la masticación del chicle en horario escolar como un elemento no sólo de resistencia sino también de transgresión. Podría preguntarse: ¿qué es lo que posee el chicle que lo convierte en eje de acciones disciplinarias en el ambiente escolar? Con base en lo que se ha expuesto arriba las respuestas parecen aparecer de manera "natural". Sin embargo, ninguna de esas respuestas agota las implicaciones ulteriores que la masticación de una simple goma de mascar puede develar.

IX

Sin pretender hacer una historia de la educación en Puerto Rico, ciertamente habrá que dejar claro de antemano, si es que aún no lo está, que aquello que fue expuesto en relación con las actitudes de algunos frailes en Santa Cruz de Tlatelolco, por ser un conjunto de formas de pensar la civilización y su inculcación en el *otro*, llegó a todo lugar en el cual diversas órdenes religiosas establecieran centros educativos. Nuevamente, Puerto Rico no ha sido la excepción. Tampoco ha sido excepción alguna observar actitudes similares en el sistema de instrucción pública de Puerto Rico, regularizado de alguna manera u otra a partir de 1900 con la imposición de la Ley Foraker. Una de las maneras a través de las cuales puede efectivamente analizarse la actitud que la educación primaria, secundaria y preparatoria en Puerto Rico, tanto pública como privada, en relación con la masticación del chicle en horas de clase es indudablemente mediante el acceso de sus propios reglamentos estudiantiles. Comenzando por la esfera pública, lamentablemente no se ha tenido acceso a reglamentos fundacionales ni tampoco a los que podrían datar de la década de los 40 o 50. De tal forma, las fuentes que se han accedido para un tanto documentar las actitudes que se han venido exponiendo han sido orales. De acuerdo con con algunas personas que estudiaron en el nivel primario (elemental) en Puerto Rico, no había necesariamente una norma que explícitamente prohibiera la masticación del chicle en horario de clases. Era posible que algún alumno(a) estuviera mascando chicle y quedaba a discreción del docente si ordenaba a que dicho(a) estudiante botara el chicle. En ese sentido, y no habrá mayor problema en afirmar lo siguiente, en esos contexto de ausencia reglamentaria lo que operaba/funcionaba como juicio para determinar si alguien debía botar el chicle serían consideraciones, en primer término, civilizatorias, es decir, aquellas que se relacionan con la etiqueta y los buenos modales de civismo, los cuales a su vez, por razones que arriba se han expuesto, han estado relacionadas o *barnizadas* con lustres religiosos en principio católicos aunque no se limitan a dicha facción del cristianismo. Otras personas, que estudiaron en el sistema público de educación entre las décadas de los 60,70 y 80, han afirmado que regularmente la masticación del chicle estaba prohibido y si alguien lo hacía tendría que realizarlo desde la *clandestinidad*, por así expresarlo. En los 90 y 2000, por lo menos una treintena de estudiantes han afirmado que regularmente mascan chicle en horas de clase y que muy rara vez le ordenan a que los echen al zafacón. Sin embargo, sabiendo que la presencia del chicle en sus bocas es considerado como un "mal hábito", estos estudiantes afirman que si no les ordenan a botarlo, simplemente no lo hacen. Esto no quiere decir que no haya otras instancias en las cuales la masticación del chicle sea reprimida. Aunque no sea por el lado de la oficialidad escolar, desde las normas de familia, de civismo que ésta trata de inculcar, la masticación del chicle se convierte en una acción que hay que evitar o, en el mejor de los casos, erradicar. En el ambiente escolar "queda del maestro" si el estudiante masca o no mientras recibe el "pan de la educación", es decir, mientras en indoctrinado y moldeado de acuerdo con lo que se entiende debe ser su formación. En esa vía, cabrá mencionar que el reglamento actual (2012) del Departamento de Educación del Estado Libre Asociado de Puerto Rico no prohíbe explícitamente la masticación del chicle, aunque hace claro que no se tolerarán otro tipo de manifestaciones de desorden y descontrol que atenten en contra de lo que se entienda por sana convivencia. El hecho de que no se encuentre explícitamente tal prohibición podría implicar que se da tan por sentado que se entiende que no hace falta ni siquiera mencionarlo: es algo elemental. Parece que resulta demasiado obvio aquello que apunta a que la boca del estudiante no hace nada mientras éste sea instruido. Por otro lado, la expresión "queda del maestro" implica que éste(a), de antemano, debe estar en pleno conocimiento que si bien hay acciones que no se prohíban explícitamente en reglamento alguno, el contexto social, familiar y religioso impone "reglas" anónimas, pero contundentes, que se cree que deben ser de dominio público y que expresan los paradigmas del "buen" ser humano en sus relaciones sociales, familiares y con la figura de Dios.

X

En el ámbito de la educación privada, sobre todo la cristiana católica, aunque también de otras denominaciones, las prohibiciones, en muchos casos, son del todo explícitas a través de reglamentos estudiantiles. Existe, como en el caso de la educación pública, cierto nivel de laxitud en algunos contextos en relación con la masticación del chicle en horas de clases. Es decir, y esto no podría obviarse, la prohibición en algunos colegios, aunque no está determinada por documento alguno, se espera que "quede del maestro". A partir del estudio de cierto número de reglamentos, generalmente comer dulces y mascar chicle se establece como prohibido y meritorio de algún castigo. El chicle, y su masticación, son tenidos como elementos *contraculturales* en ambientes que dedican todos sus esfuerzos a transmitir hábitos y a ejercer/enseñar aquello que con tantos lauros se enarbola: la disciplina.

Independientemente de si se está en una entorno escolar público o privado, si se ha prohibido de maneras explícitas o solapadas, mucho(a)s estudiantes violan constantemente dichas prohibiciones y mascan chicle. Pero, ¿acaso podría esperarse algo distinto? Si se toma en cuenta de qué contexto social general vienen la totalidad de los estudiantes en Puerto Rico podría esclarecerse, al menos un tanto, ciertas consideraciones acerca de las violaciones de las prohibiciones de mascar chicle por parte de estudiantes. Siendo que Puerto Rico, sobre todo a partir de la década de los 50, entró en un proceso rápido de industrialización y progreso, como lo han pensado algunos, ello llevaría a que gradualmente la economía de consumo se convirtiera en la predominante. Dicho consumo, entendido en términos generales, no estaría avalado por producciones que regularan o balancearan los procesos económicos. Al ir disminuyendo y dejando de cobrar importancia los procesos productivos internos que quizá, desde una lógica burguesa, otorgara sentido al disfrute ulterior del trabajo y esfuerzo realizado, sólo ha quedado, como resultado, la lógica del consumo, del consumo que en muchas instancias inconscientemente se ejerce de manera automática como revelando una supuesta infinidad de posibilidades. Esos consumos, de productos y servicios, inundaría, y de hecho ha obnubilado, la vida y los sentidos de vivir. Prontamente se devela la desastrosa lógica imperante: vivo para consumir y consumo para disfrutar. El disfrute, el placer, confort y el estatus se convierten pues en elementos centrales del consumo. Bombardeos multimediáticos van en dirección hacia la generación del *homo consumus*. Por otro lado, este conjunto de relaciones que transversalmente se establecen van elaborando lógicas de corte ético y moral, las cuales en muchos aspectos van moldeando costumbres entre las cuales se encuentra el desafío frontal a los malos olores, sobre todo el bucal. En ese sentido, el chicle, entre otros objetos de consumo, se transcurre también de manera transversal en múltiples contextos. El placer que brinda algo gustoso y su relación la posibilidad de aniquilar el mal sabor de boca y el mal olor hace de este objeto uno de amplio consumo en el Puerto Rico contemporáneo. La lógica del consumo, entonces, como es posible entender rápidamente, se contrapone a la de la "buena educación". En esta contraposición, las operaciones multimediáticas llevan una delantera descomunal. Es notorio cómo la venta de chicle se inserta en los espacios más estratégico que posibiliten, quizá que hagan inevitable, fijar la atención y que cualquiera persona se vea ante despliegues, a veces monumentales, de gran variedad y cantidad de chicle que en las áreas de las cajas registradoras de muchos establecimientos comerciales se encuentran. Muestra de lo anterior, es decir, del bombardeo consumista en relación con los chicles y los dulces tan prohibidos en muchos contextos escolares, es que generalmente, en las afueras de las escuelas y colegios no faltan las tienditas y hasta carros que en sus baúles despliegan variedad de objetos de consumo que de los portones de la escuela o colegio hacia adentro pueden ser mal vistos.

XI

Pero, ¿posee el chicle algo que le es inherente y que, como tal, lo estigmatiza? Es decir, ¿el estigma en relación con el chicle en el ambiente escolar se desprende de su propia condición? ¡No! El estigma del chicle es contextual (sociocultural). El estigma del chicle está íntimamente ligado no necesariamente a él en sí sino más bien a todo lo que genera o desencadena. Bien podría plantearse que el "problema" del chicle es *fenoménico* y no *numénico*, el "inconveniente" no es él sino lo que de manera centrípeta gira en torno a él y posibilita. Sin embargo, y esto se ha podido observar en algunos casos, alumnos y maestros en muchas ocasiones no saben las razones de las prohibiciones del chicle y mucho menos han pensado a fondo lo que en este texto se establece como razón central. En ocasiones los maestros no saben por qué está prohibido el chicle durante las horas de clase, pero como está explícitamente prohibida su masticación, reproducen automáticamente las proscripciones. Es decir, las razones de fondo para entender la prohibición son desconocidas. Las más comunes, por el contrario, entre los sentidos de prohibir la masticación del chicle durante horas lectivas son, entre otras, evitar que alguien coloque el chicle ya usado en el pelo de algún(a) compañero(a);

evitar que el chicle masticado sea lanzado al suelo o alfombra y con el tiempo la dureza impida sacarlo; evitar que algún estudiante pegue el chicle mascado en la ropa de alguien más y evitar que el o la estudiante que masca chicle lo pegue debajo de la mesa de trabajo o pupitre, lo cual a su vez habla de la clandestinidad de la masticación dado el caso de que el o la estudiante no puede pararse libremente y botar el chicle en la basura ya que dejaría ver que ha estado infringiendo algún reglamento, sea aquél formalmente establecido o el que el docente ha dispuesto para relacionarse con sus estudiantes. Sin embargo, la "razón" más cómoda y automática, aquella que exime a cualquiera de tener que pensar en los sentidos para prohibir algo, es que no se puede masticar chicle por que está prohibido, simplemente. Al preguntársele a algunos estudiantes acerca de las razones por las cuales mascan chicle en horas lectivas respondieron que lo hacían para evitar el aburrimiento que durante clase los abacora. Esta última afirmación lleva a pensar en los posibles orígenes de la prohibición de la masticación de chicle en el proceso educativo. Sin desestimar muchas de las explicaciones que se ofrecen para prohibir tal práctica, aquélla que está relacionada con todo lo que el chicle provoca en relación con la boca, y acaso con la mandíbula, es a la que mayor peso se le otorga aquí. Es decir, en el fondo, y desde tiempos de la conquista española en México, masticar chicle ha sido mal visto porque provee para que la boca del otro no esté quieta, sino, y más bien, en continuo movimiento emitiendo sonidos que, de acuerdo con el pensar de quien civiliza/educa, impiden que la solemne palabra iluminadora se ejerza de manera unívoca. Inclusive, cuando alguien masque chicle con la boca cerrada, también será mal visto(a) por mantener en movimiento la mandíbula sin "ningún sentido" más allá del de hablar cuando se le permita o de masticar alimentos que, una vez llevado al tracto esofágico, se entiende que la acción misma de masticar debe cesar. Por otro lado, y no menos importante, la masticación y saboreo del chicle puede ser visto como aquello que desvía la atención del estudiante y, como tal, habrá que evitarlo. En fin, la prohibición del chicle y su masticación es una tecnología para disciplinar los usos y "abusos" de las funciones de la boca a partir de paradigmas en los cuales las relaciones entre emisor y receptor están mediadas fuertemente por la "necesaria" univocidad del primero y el imposible de quebrantar silencio, atención exclusiva y quietud del segundo.

Glosario

Abridor: Persona encargada exclusivamente de destazar los animales de cuatro patas que han sido sacrificados a las distintas representaciones materiales de las deidades.

Adimú: Ofrenda específica que ha sido prescrita por algún oráculo.

Aladimú: Cualquier ofrenda que alguna persona decida brindarle a alguna deidad o ancestro y que no está estrictamente determinada por algún oráculo.

Alawalawa: Calificativo que distingue a personas que son respetadas por la antigüedad de sus iniciaciones.

Ashé: Fuerza que permite que algo ocurra o se transforme.

Ashedá y Akodá: Míticos discípulos de *Orunmila* y primeros iniciados en los secretos de la adivinación de *Ifá*.

Asheses: Partes de los animales sacrificados que se le van a ofrendar a las deidades.

Babalawo: Iniciado en el culto a *Orunmila*. Adivino que utiliza el sistema de Ifá. Iniciado que conoce las fuerzas cósmicas que componen el mundo.

Babalosha: Iniciado en el culto a cualquier orisha que no sea Orunmila. Coloquialmente se le llama santero.

Bailar la cabeza: Ritual mediante el cual, simbólicamente, el babalawo baila con la cabeza de los enemigos de la persona que ofrece un sacrificio a las deidades.

Brujería: Acto ritual que redunda en consecuencias negativas.

Chicozapotl: Arbol del cual se extrae el látex que se utilizará para hacer chicle.

Día del Medio: Tiempo ritual en el cual se reciben invitados con motivo de la celebración de alguna iniciación en la Regla de Osha-Ifá.

Dilogún: Método adivinatorio que consiste de 16 caracoles *caurí.*

Ebó: Acto ritual del despojo espiritual con poder para activar el *ashé*.

Egbé Balogún: Sociedad de hombres que controlaban el acceso y el uso del cuchillo ritual entre los yoruba.

Egun: ancestros.

Eshu: Deidad yoruba que posee el poder servir de comunicador entre los mundos invisible y visible.

Fifeto: Ritual realizado con el propósito de limpiar y refrescar los cuchillos que se han utilizado en los sacrificios rituales en alguna ceremonia de iniciación de la Regla de Osha-Ifá.

Guerreros: Representaciones materiales de las deidades *Eshu, Ogún, Ochosi* y *Osun*. En su conjunto, se cree que los guerreros defienden a quien los reciba y atienda regularmente brindándole ofrendas y sacrificios.

Ifá: Cuerpo total de conocimientos relativos al cosmos entre los yoruba y sus descendientes rituales en el Caribe.

Igbodú: Espacio ritual donde ocurren las ceremonias de iniciación en la Regla de Osha-Ifá.

Ikin Ifá: Nueces de palma utilizadas para la adivinación entre los *babalawo*.

Itán (Patakí): Mitos o leyendas en las cuales se narran episodios de las vidas de las deidades y ancestros. Poseen un sentido ejemplificante en la vida y rituales de los creyentes de la Regla de Osha-Ifá.

Iyalosha: Iniciada en el culto a cualquier orisha que no sea Orunmila. Coloquialmente se le llama santera.

Iyawó: Recién iniciado(a) en la Regla de Osha-Ifá.

Kariosha: Ceremonia de iniciación en el culto a cualquier deidad que no sea *Orunmila*.

Madrina (Iyá Tobí): Mujer que se encarga de iniciar a una persona en la Regla de Osha-Ifá.

Matanza: Ritual mediante el cual se le sacrifican animales a las representaciones materiales de las deidades en una ceremonia de iniciación en la Regla de Osha-Ifá.

Moyuba: Rezo invocatorio cuyo propósito es abrir la comunicación entre humanos, ancestros y deidades.

Obatalá: Deidad yoruba a la que se le atribuye el poder de ser el dador de la claridad de pensamiento a los seres humanos.

Obe Ka Kuanaldo: Cuchillo ritual del *babalawo*.

Ochosi: Deidad yoruba que se relaciona con la cacería y con el poder de atraer todo lo que alguna persona le solicite a través de ofrendas y sacrificios.

Odu Ifá: Signo adivinatorio en el cual se codifica conocimientos rituales. Entre los yoruba se reconocen 256 distintos.

Ogberosontele: Ritual que consiste de arrancarle plumas del costado y pecho del ave sacrificada y colocarlas encima de la representación material de la deidad a la que se le sacrificó.

Ogún: Deidad yoruba que se relaciona con el hierro, con la tecnología y con la fuerza en su estado natural.

Okokán: Corazón. Se utiliza esta palabra cuando alguien ofrenda o dedica un sacrificio a una entidad sobrenatural sin que necesariamente el oráculo se lo haya prescrito.

Olodumare: Dios supremo de los yoruba.

Oluwo Bobotirigbo: Palabra poderosa del *babalawo*.

Oluwo Siwayú: Babalawo que ha iniciado a otros babalawo.

Omo Agada: Miembro de la sociedad *Egbé Balogún*.

Opelé (Ekuele): Cadena adivinatoria del *babalawo*.

Oráculo de Biagué: Oráculo que consiste de cuatro pedazos de pulpa de coco.

Orisha: Deidad en lengua yoruba.

Orí: Entidad que representa el destino individual de cada persona.

Oriaté (Obatero): Maestro de ceremonias en un *kariosha*.

Orun: Deidad que se reconoce como el capataz de los ancestros.

Orunmila: Deidad a la que se le relaciona con la adivinación y la sabiduría ancestral.

Osa Melli: Duodécimo *odu Ifá*.

Osain: Deidad dueña de la herbolaria y sus poderes.

Oshogún: Cargo ritual del sacrificador de animales en la Regla de Osha-Ifá.

Osogbo (Ajewo): Desfavorabilidad.

Osun: Deidad yoruba que se asocia con el semblante espiritual individual de un(a) iniciado(a) en la Regla de Osha-Ifá.

Padrino (Babá Tobí): Hombre que inicia a otra persona en algún culto en la Regla de Osha-Ifá.

Palangana: Recipiente donde se colocan los animales sacrificados para ser elaborados.

Pinardo: Cuchillo ritual del *santero*.

Presentación: Acto ritual a través del cual se coloca el animal a sacrificar on algunas partes del cuerpo de quien lo ofrece y se hacen rezos en cada parte con el propósito concretar la transferencia de intenciones que con el sacrificio se quiere que se concreten.

Santería (Regla de Osha-Ifá): Religión que surgió en Cuba entre finales del siglo XIX y principios del XX y que fue producto de múltiples interacciones de tradiciones religiosas europeas, indígenas y africanas. Su sistema de creencias se basa en la existencia de un Dios supremo llamado *Olodumare* con el cual regularmente no se tiene contacto. De igual forma, se creen en la existencia de los *orisha* y *egun*, deidades y ancestros respectivamente, con los cuales los iniciados tienen continuo contacto a través de la adivinación. El sentido central de esas comunicaciones es obtener conocimientos para lograr concretar los aspectos positivos que se encuentran en el destino individual de cada persona. Estos efectos se logran a través de sacrificios, ofrendas y otras obras rituales.

Sarayeye: Despojo ritual en la Regla de Osha-Ifá.

Shangó: Deidad yoruba que se le asocia con la idea de la masculinidad. Es el dueño del baile, del tambor, de la virilidad masculina, del rayo y de la lluvia.

Tzictli: Goma de mascar en lengua náhua'tl.

Yemayá: Deidad yoruba que se asocia con el poder del agua en general aunque predominantemente con la salada. Es la dueña del mundo, de los peces, del poder de la maternidad. Es la madre abnegada capaz de hacer lo que sea por un hijo. Es, además, la esencia de la fuerza femenina.

Yoruba: Grupo humano de Africa occidental que posee relativa unidad cultural y lingüística. Históricamente han vivido entre las actuales República de Benín y Nigeria. Gran cantidad de esclavos yoruba fueron introducidos a Cuba durante el siglo XVIII y XIX.

Bibliografía

La Nueva Biblia de Latinoamérica. Navarra: San Pablo, 2005.

Enciso, Angélica. "Chicle, el blanco jugo de la selva." *La jornada*, 18 de enero de 2007. http://www.jornada.unam.mx/2007/01/18/index.php?section=sociedad&article=052n1soc.

Forgacs, David, ed. *The Antonio Gramsci Reader*. NY: New York University Press, 2000.

Foucault, Michel. "A Preface to Transgression." En *Language, Counter-Memory, Practice: Selected Essays and Interviews by Michel Foucault*, editado por Donald F. Bouchard, 29-52. Ithaca: Cornell University Press, 1977.

Glover, Patricia. "American Dependence on Japanese Menthol." *Far Eastern Survey*, 8, núm. 15 (1939): 180-1.

Gordon, Colin, ed. *Power/Knowledge: Selected Interviews & Other Writings 1972-1977 by Michel Foucault*. NY: Pantheon Books, 1980.

Hollander, Jocelyn A. y Rachel L. Einwohner. *Conceptualizing Resitance en Sociological Forum*, 19, núm. 4 (diciembre 2004): 533-554.

Landon, Charles. *The Chewing Gum Industry en Economic Geography*, 11, núm. 2 (1935): 183-90.

León-Portilla, Miguel. *Los franciscanos vistos por el hombre náhuatl: testimonios indígenas del siglo XVI*. México: Universidad Nacional Autónoma de México, 1985.

Montemayor, Carlos. "Notas sobre nahuatlismos." *La jornada*, 3 de julio de 2007. http://www.jornada.unam.mx/2007/10/03/index.php?section=opinion&article=a06a1cul.

Regla de San Benito

Ritchie, Carson. *Comida y civilización*. Madrid: Alianza Editorial, 1981.

de Sahagún, Bernardino. *El México antiguo*. Caracas: Biblioteca Ayacucho, 1981.